Maria Klausner / Anita Pfeifer

Kleine Hände – große Sache

Textile Grundtechniken für Kinder

frechverlag

Fotos: frechverlag GmbH + Co. Druck KG, 70499 Stuttgart; Fotostudio Ullrich & Co. Renningen

Auflage: 5. 4. 3. 2. 1. | Letzte Zahlen
Jahr: 2000 1999 98 97 96 | maßgebend

frechverlag GmbH + Co. Druck KG, 70499 Stuttgart

ISBN 3-7724-2161-X · Best.-Nr. 2161
Druck: frechverlag GmbH + Co. Druck KG, 70499 Stuttgart

Unsere langjährige Berufserfahrung im Werkunterricht für Kinder in der Grundschule hat uns gezeigt, daß viele Kinder mit großem Eifer, Spaß und Freude an das kreative Gestalten eigener Werkstücke herangehen. All jenen wollen wir unsere Ideen zur Verfügung stellen.

Die einzelnen Arbeitsgänge für jedes Modell werden Schritt für Schritt mit vielen Zeichnungen erklärt. Dadurch wird weitgehend ein selbständiges Arbeiten ermöglicht, das die Mithilfe eines Erwachsenen jedoch nicht immer ausschließt. Mit dem Register auf Seite 71 lassen sich die Techniken und Grundlagen schnell herausfinden. Und damit die Kinder auch für jeden Monat das Passende basteln können, sind die Vorschläge nach dem Jahresablauf geordnet.

Auch in unserer modernen, technisierten Zeit ist es wichtig, die Geschicklichkeit der Kinder zu fördern und beste Voraussetzungen zu geben, um den verschiedensten Tätigkeiten des Alltags gerecht zu werden.

Wichtig war uns auch, mit den jeweiligen Techniken kleine, nette Gegenstände auszuarbeiten, um die Ausdauer der Kinder zu berücksichtigen und die Begeisterung zu erhalten.

Jedes Kind hat die Möglichkeit, hier seine eigene Kreativität einzubringen, um sein ganz persönliches Werkstück zu gestalten.

Die Freude am Tun und die Erfahrungen mit den verschiedensten Techniken, Materialien, Farben und Formen sowie genaues sauberes Arbeiten sollten im Vordergrund stehen – und nicht das perfekte Ergebnis.
Von kleinen Kinderhänden geschaffene Dinge sollten Kinderarbeiten sein dürfen, die auch Anerkennung verdienen.

Können persönlich gemachte kleine Dinge nicht doch von größerer Bedeutung sein als all jene Gegenstände, die wir besitzen und oft doch nicht gebrauchen?

An die Kinder: Ein kleines Geschenk
kannst du sicher gebrauchen!
Es kommt von Dir,
und das gibt es nirgends zu kaufen!

Klausner Maria
Pfeifer Anita

Allgemeine Hinweise

Häkeln und Stricken

Verwende keine zu dünnen Strick- und Häkelnadeln und keine zu dunkle Wolle. Dies erschwert das Erlernen der Grundtechnik. Eine gute Erfahrung haben wir mit der Nadelstärke 3–3,5 und dazu passender Wolle gemacht. Verliere nicht den Mut, wenn es beim ersten Versuch nicht innerhalb kürzester Zeit gelingt, perfekt zu arbeiten.
Aller Anfang ist schwer! Und Übung macht den Meister!

Wickeln

Dazu kannst Du Wolle in verschiedenen Farben, Stärken und Strukturen verwenden. Versuche aber, gleichmäßig in Runden und nicht zu fest zu wickeln. Das Grundmaterial wie Holzstäbe oder Karton kann brechen bzw. reißen. Wird zu locker gewickelt, entstehen Schlingen, die das Ergebnis beeinträchtigen und nicht so stabil machen.

Weben

Man benötigt Webgeräte bzw. Webrahmen, die es im Geschäft zu kaufen gibt, oder man fertigt sich selbst welche an.
Herstellung: Verwende ein Holzbrett in gewünschter Größe, und nagle an der oberen und unteren Kante Nägel in gleichmäßigem Abstand von 0,5–0,7 mm ein. Ebenso kann man vier Holzleisten zu einem Rahmen zusammennageln und wie beim Brett die Nägel einklopfen.

Auch Weben über Karton ist möglich. Die Größe bestimmst Du selbst. Die obere und die untere Kante, über die man die Fäden spannt, mußt Du mit einer Zackenschere abschneiden. **Zum Spannen** der Fäden (= Kettfaden) verwendest Du immer Garn, um die Reißfestigkeit zu garantieren.
Zum Durchweben der Fäden (= Schußfaden) werden die verschiedensten Wollfäden und Garne verwendet, die das Aussehen des fertigen Stückes effektvoll machen.
Wichtig ist auch eine Webnadel, die du dir im Geschäft besorgst.

Sticken

Hier gilt auch: je feiner der Stoff und das Garn, desto schwieriger die Arbeit. Verwende leicht zählbare Stoffe und nicht zu dünnes Stickgarn. Man benötigt zum Sticken auch eine stumpfe Stopfnadel.

Das Herstellen einer Schablone

Pause die Vorlagen auf durchsichtiges Papier (Butterbrot-, Transparentpapier), klebe sie auf Karton, und schneide sie genau aus. Umfahre mit Bleistift oder Kreidestift das Motiv auf der Rückseite des gewünschten Materials. Arbeite nicht mit Faserstiften oder Kugelschreiber, die sich nicht mehr entfernen lassen. Verwende für helle Stoffe dunkle, für dunkle Stoffe helle Stifte.

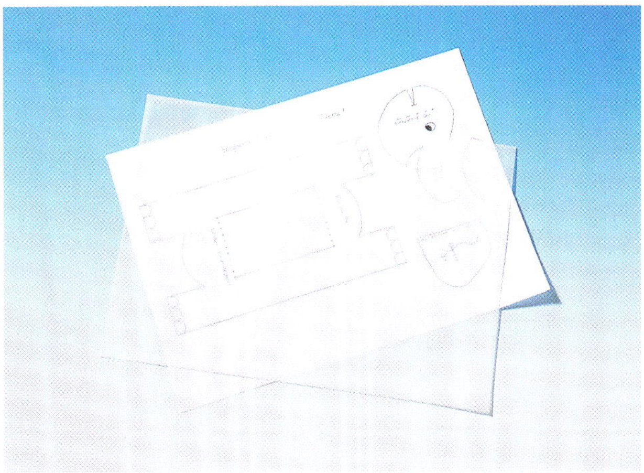

Heißkleber (ohne Abbildung)

Beim Arbeiten mit dem Heißkleber bzw. der Klebepistole unbedingt einen Erwachsenen um Hilfe bitten. **Verbrennungsgefahr!** Der Vorteil besteht jedoch darin, daß alle Materialien gut miteinander verklebt werden können.

Genaue Anleitungen zu den textilen Techniken findest Du ab Seite 58.

Hinweis:

Die Farbe der Überschriften zu den einzelnen Modellen bzw. die Farbe der Balken mit der Seitenzahl zeigt die jeweilige Technik an:

Gelb = Weben
Ocker = Schnüre drehen und flechten
Rot = Stricken
Grün = Häkeln
Lila = Wickeln
Braun = Mischtechniken

Winterlandschaft auf Karton

Material

Einfarbiger Karton, DIN A4; Garnrest zum Spannen der Kettfäden; Wollreste; Watte; Filz; Buntpapier; bunte Filzstifte.

Ausführung

❧ Ein Rechteck für das Haus (7 cm x 7 cm, siehe Vorlagenbogen) auf die Rückseite des Kartons zeichnen und mit einer spitzen Stopfnadel die Punkte durchstechen.

❧ Mit einem Garnfaden spannst Du die Kettfäden. Den Garnfaden in die Stopfnadel einfädeln, am Ende verknoten und von hinten nach vorne ausstechen. Nie zu fest spannen, da sonst der Karton einreißt oder sich zu stark wölbt. Zum Schluß wird der Endfaden auf der Rückseite vernäht und mit Klebestreifen befestigt.

❧ Mit Wolle wird das Haus in Leinwandbindung (vgl. Seite 62) gewebt.

❧ Das Dach, die Fenster, die Tür, den Baum, den Zaun, das Vogelhaus usw. aus Buntpapier oder Filz ausschneiden, anordnen und aufkleben. Die Watte verwendest Du für den Schnee.

Blumenstecker Eisbär

Material

Schaschlikspieß; weißer Karton; mittelstarke, weiße Wolle; 2 Stricknadeln; rosa Moosgummi oder rosa Filz; 2 Wackelaugen, 5 mm Ø; Klebestreifen; Klebstoff; schwarzer Filzstift; blaue Wolle oder ein Band für den Schal.

Ausführung

❧ Schneide den Körper aus Karton mit Hilfe der Schablone zu, und klebe den Schaschlikspieß mit dem Klebestreifen am Körper gut fest.

❧ Mit zwei Stricknadeln werden die Anschlagsmaschen für das Fell hergestellt. Vorsichtig die Maschen von der Nadel schieben und eng aneinander aufkleben.
Man benötigt für die Vorderseite des Körpers ca. 4 x 20 Anschlagsmaschen, für die Rückseite genauso viel.

❧ Ohren, Nase und Pfoten werden aus rosa Moosgummi ausgeschnitten und auf dem Bären befestigt. Mit schwarzem Filzstift Mund und Nase aufzeichnen und zwei Wackelaugen aufkleben.

❧ Für den Schal häkelst Du eine Luftmaschenkette von 35–40 Luftmaschen (siehe Grundtechnik Häkeln, Seite 64) oder bindest ein Band um den Bärenhals.

Mäusemühle

Material

Jutestoff, 45 cm x 45 cm; stumpfe Sticknadel; rotes und blaues Stickgarn; Stecknadeln; roter Filzstift.
***Mäuse:** 5 helle und 5 dunkle Holzoliven, 2 cm lang; dazu passende helle und dunkle Wolle; Fotokarton, hell und dunkel; Klebstoff; Schere; wasserfester Stift.*
***Säckchen:** Roter oder andersfarbiger Filz; Stickgarn; spitze Stopfnadel; 2 Perlen.*

Ausführung

❧ **Spielfeld:** Den Jutestoff in der angegebenen Größe zuschneiden.
❧ Die mit Transparentpapier abgenommene Vorlage steckst Du mit durchstochenen Punkten mit Stecknadeln in die Mitte des Stoffes und markierst mit einem Faserstift die Punkte auf dem Stoff.
❧ Rotes Garn einfädeln und die Linien von Punkt zu Punkt mit dem Stielstich über zwei Fäden sticken (siehe Zeichnung). Auf der Rückseite die Fäden vernähen und abschneiden.
❧ 8 cm vom Stielstich entfernt am Rand rundum den Schlingstich mit blauem Garn über drei Fäden sticken (siehe Zeichnung).
❧ Bis zum Schlingstich werden die restlichen Fäden von außen ausgefranst.

❧ **Mäuse:** Bitte einen Erwachsenen, daß er Dir die Holzoliven halbiert. Klebe dann auf jede gerade Seite einen kurzen Wollfaden für den Schwanz.
❧ Für den Schnurrbart verknotest Du zwei Wollfäden, schneidest links und rechts die Fäden auf die gewünschte Schnurrbartlänge ab und klebst diesen an die Vorderseite jeder Olive.
❧ Male mit einem wasserfesten Stift Augen und Ohren auf, und klebe an die Unterseite Fotokarton, den Du nach der Schablone zugeschnitten hast.

❧ **Säckchen:** Mit einem Dessertteller einen Kreis auf den Filz zeichnen und ausschneiden.

❧ 1 cm vom Rand entfernt arbeitest Du eine Reihe Vorstiche. An den Endfäden werden Perlen aufgefädelt und die Fäden verknotet. Zieht man an diesen Fäden, schließt sich das Säckchen für die Mäuse.

Stickstiche für die Mäusemühle

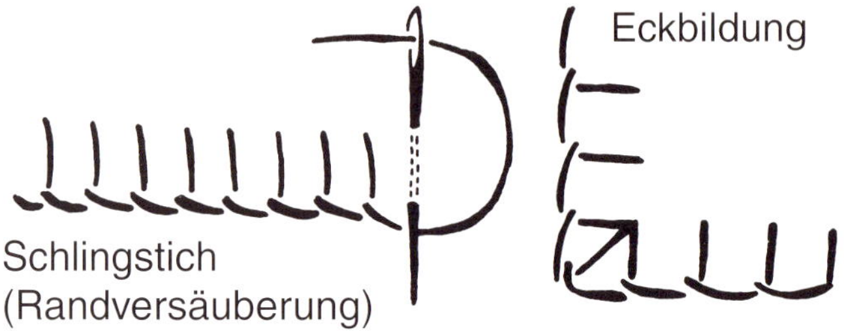

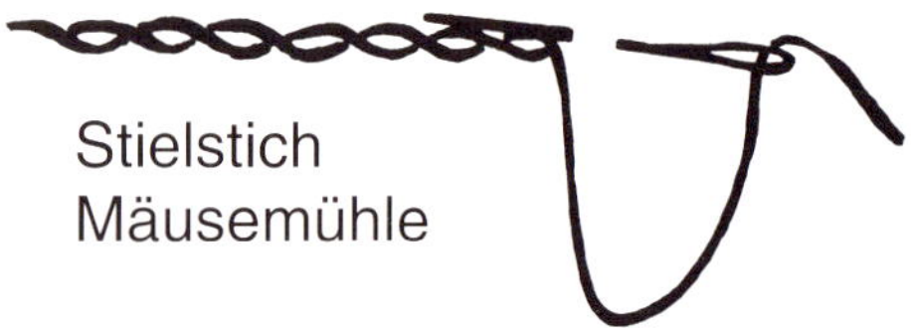

Säckchen für die Mäuse

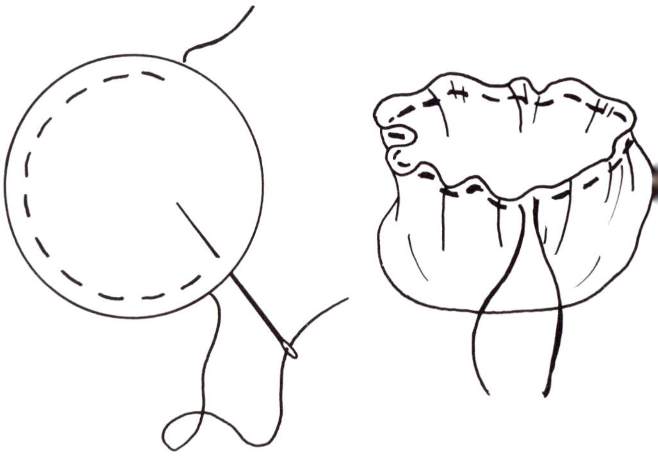

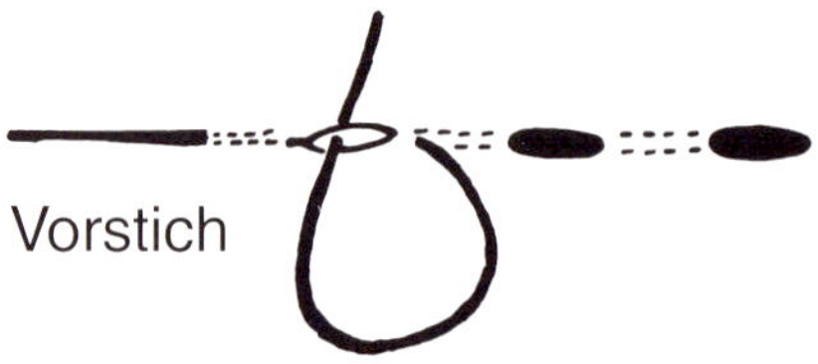

Bär-Wandspiegel

Material

Fester Karton, DIN A3; Moosgummi in Lila, Rosa, Pink, Schwarz und Weiß; kleiner rechteckiger Handspiegel (oder kleiner Notizblock oder kleiner Abreißkalender); braunes Kreppapier; rosa Seidenpapier; gedrehte Schnur.

Ausführung

- Der Körper wird laut Vorlage auf den Karton gezeichnet und ausgeschnitten.
- Mit Hilfe der Schablonen aus Moosgummi Augen, Schnauze, Ohrenteile und Fußsohlen ausschneiden und aufkleben.
- Nun klebst Du den kleinen Spiegel in die Mitte des Bauches (oder den Notizblock oder den Kalender).
- Aus dem Kreppapier und dem Seidenpapier kleine Stücke schneiden bzw. reißen. Aus diesen knüllst Du kleine Kugeln und füllst die restlichen Flächen damit.
- Aus Wollresten stellst Du eine kurze, gedrehte Schnur her (Seite 58) und befestigst sie auf der Rückseite oben am Bärenkopf (ankleben oder anklammern).

Maschenköpfe

Material

Mittelfester, heller Karton; Wollreste; Bänderreste; Bastreste; Filzreste; Buntpapier; Locher; Schere; Klebstoff.

Ausführung

❧ Mit Hilfe eines Desserttellers oder der Vorlage einen Kreis auf den Karton zeichnen und ausschneiden. Mit dem Locher stanzst Du an der Kante des Kartons ca. 15 Löcher in gleichmäßigem Abstand ein. In die mittleren fünf Löcher Stirnfransen einhängen. In die restlichen Löcher bindest Du Maschen (siehe Skizze und Seite 58). Links und rechts kannst Du lange Fäden hängen lassen oder Zöpfe flechten.

❧ Das Gesicht wird lustig bemalt oder mit farbigem Papier beklebt.

Maschenanschlag-Igel

Material

Braune und grüne dicke Wolle; 2 passende Stricknadeln; Häkelnadel; rosa und schwarzer Filz; Wackelauge, 1 cm Ø; fester Karton, 22 cm x 22 cm; Jutestoff, 22 cm x 22 cm; Klebstoff.

Ausführung

- An allen vier Seiten des Jutestoffes drei Fäden ausfransen und den Jutestoff auf den Karton kleben.
- Der Igelkörper wird nach Schablone auf den Jutestoff aufgezeichnet.
- Die Kopfform und die Nase schneidest Du aus Filz aus und klebst beide sowie das Auge auf.
- Mit zwei Stricknadeln werden die Anschlagsmaschen für die Stacheln hergestellt. Vorsichtig die Maschen von der Nadel schieben und eng aneinander aufkleben. Man benötigt für den Igelkörper je nach Wollstärke ca. sechsmal 30 Maschen (siehe Seite 67/68).
- Für das Gras eine Luftmaschenkette aus 25 Maschen häkeln und ankleben (Seite 64).
- Zum Aufhängen des Bildes wird ein grüner Wollfaden in der Mitte durchgestochen und verknotet.

Hexe am Besen

Material

2 Pfeifenputzer (Plüschdraht); Karton, 10 cm x 15 cm; Wollreste; Filzstifte; Holzkugel, ca. 2 cm ø; Stoffrest; Pelzrest; Klebstoff; Schaschlikspieß für Besenstiel; schwarzes oder braunes Tonpapier für den Besen.

Ausführung

❧ **Hexe:** Für die Arme ein 16 cm langes Stück Plüschdraht und für den Körper ein 25 cm langes Stück zuschneiden. Den längeren Draht (Körper) zur Hälfte biegen, von der Umbruchstelle 2 cm nach unten messen, dort den kurzen Draht für die Arme durchstecken und um den Körper drehen (siehe Skizze).

❧ Für das Kleid wickelst Du die Wolle dick um die Hand oder den Karton. Dann nimmst Du sie herunter, bindest das Bündel einmal ab und schneidest es an der Seite auf (Grundtechnik Seite 60). Die Schlingen auseinanderteilen, den Drahtkörper dazwischenlegen und unterhalb der Arme fest abbinden. Schneide den Saum des Kleides gerade, und biege die Füßchen zurecht.

❧ Der Kopf (Holzkugel) wird auf dem Drahtkörper festgeklebt.

❧ Haare aus Woll- oder Pelzresten aufkleben, Gesicht mit Filzstiften aufmalen und ein Kopftuch aufsetzen.

❧ **Besen:** Aus Tonpapier einen Streifen von 13 cm x 10 cm ausschneiden und im Abstand von 0,5 cm einschneiden. An einem Ende des Besenstiels Klebstoff auftragen und diese Stelle fest mit dem Papierstreifen umwickeln. Den Besen steckst Du durch den Körper und biegst die Hände um den Besenstiel.

❧ Zum Aufhängen ziehst Du einen Faden durch das Kopftuch, und fertig ist die „Hexerei".

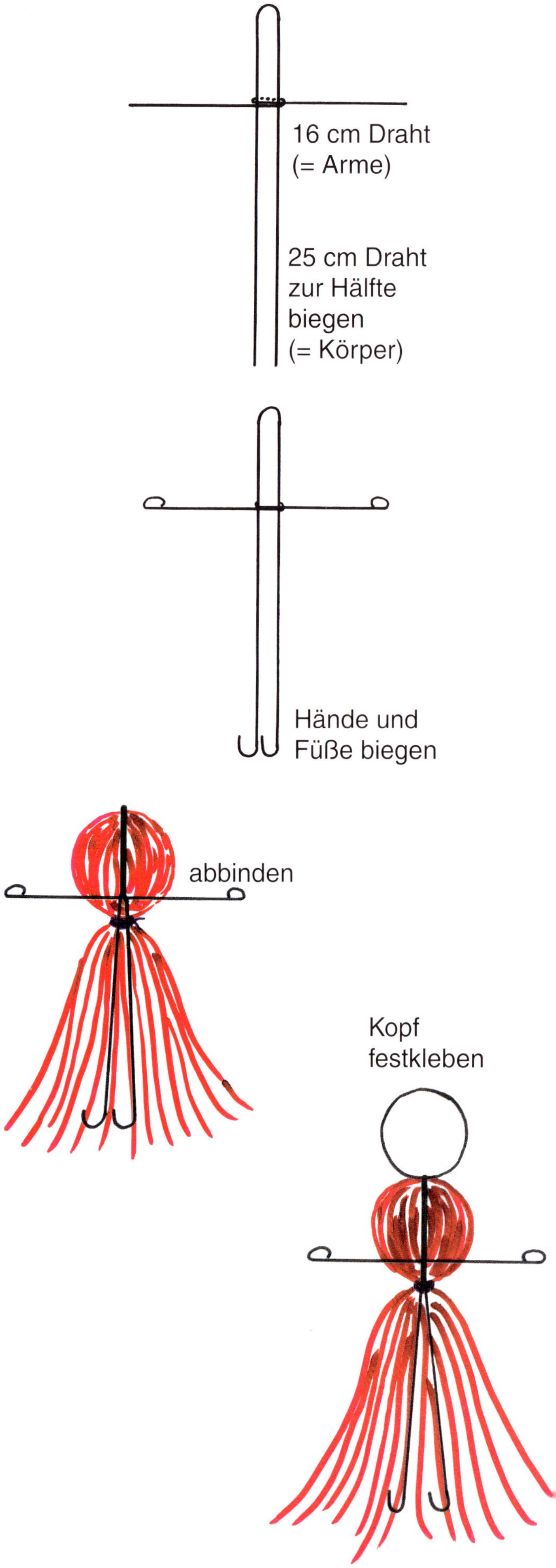

Ein verstrubbelter Gesell

Material

Fester Karton; schwarze, gelbe und braune Wolle; Stopfnadel; Klebeband; Zackenschere; Lochzange oder Locher.

Ausführung

❧ Aus dem festen Karton den Körper und die Beine mit Hilfe der Vorlage ausschneiden. Die obere und die untere Kante jeweils mit der Zackenschere abschneiden.

❧ Körper: Die Fäden werden wie folgt gespannt: den Anfangsfaden der gelben Wolle auf der Rückseite festkleben. Die Wolle wird rund um den ganzen Karton gespannt (siehe Grundtechnik, Seite 62). Bis zum Ende alle Zacken umwickeln, das Ende des Wollfadens wieder festkleben.

❧ Nun wird rundherum gewebt, das heißt, sowohl auf der Vorder- als auch auf der Rückseite gearbeitet.

❧ Ungefähr in der Mitte der Webarbeit wird der Gürtel mit einer anderen Wollfarbe gewebt. Nachher in der Grundfarbe weiterarbeiten.

❧ Die Beine werden genau wie der Körper gewebt, jedoch in schwarzer Wolle.

❧ Den Kreis für den Kopf ausschneiden und mit der Lochzange 0,5 cm vom Rand entfernt in gleichmäßigem Abstand zehn Löcher stanzen. Hier hängst Du die Wollfäden als Haare ein (siehe Seite 58). Auf die Kartonscheibe ein lustiges Gesicht aufmalen.

❧ Für die Arme drehst Du eine dicke Schnur von 27 cm Länge.

❧ Hände aus Karton ausschneiden, zwei Löcher stanzen und schwarze Fäden als Finger einhängen. Die Hände links und rechts auf die Schnurenden kleben.

❧ Die Schnur-Arme auf die obere Kante des Körpers kleben.

❧ Schneide die Füße aus Karton aus. Die einzelnen Teile bindest Du mit einem in eine Stopfnadel eingefädelten Garnfaden locker zusammen. Die Figur soll fertig lose baumeln.

Mexikanische Wickelarbeit: Wippmännchen „Flopsi“

Material

4 Trinkhalme; Wolle; 15 Holzoliven, 2 cm lang; 2 Wackelaugen, 1 cm Ø; kleine Perle für die Nase; roter Filz für den Mund; Klebstoff; Heißkleber; 2 halbierte Walnußschalen; kleines Holzbrett für den Turner; als Hut kleinen Joghurtbecher oder Schraubverschluß.

Ausführung

- Je zwei Trinkhalme kreuzweise zusammenlegen und wie bei Grundtechnik (Mexikanische Wickelarbeit, Seite 61) weiterarbeiten.

- Nun wird das Gesicht gestaltet.

- Für die Arme werden je drei Kugeln über beide Trinkhalme gefädelt und festgeklebt.

- Für die Beine vier Kugeln über je einen Trinkhalm fädeln und festkleben (siehe Skizze). Als Füße klebst Du die zwei halbierten Walnußhälften mit dem Heißkleber an die Holzoliven. Soll das Männchen turnen können, so klebt man ein Bein auf einem Holzbrett fest.

- Für die Haare schneidest Du einige Wollfäden ca. 15 cm lang zu und knotest diese über die Stäbe. Als Abschluß eine Holzolive aufkleben oder einen Hut befestigen.

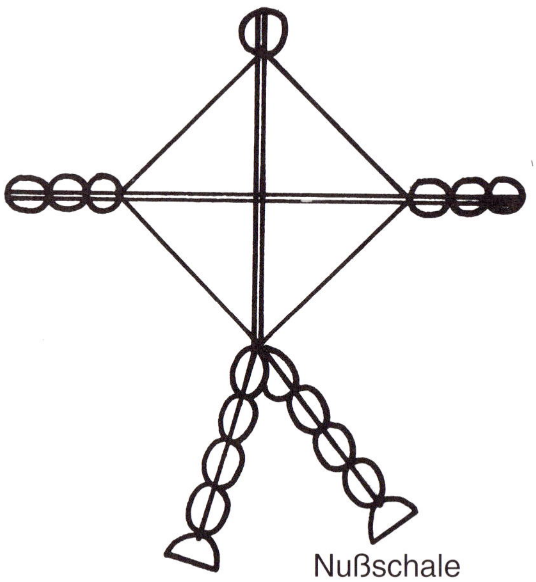

Flip

Material

Wattekugel, 3 cm ø; rotes, grünes und schwarzes Moosgummi; grüner Pfeifenputzer; 11 rote, runde Perlen; 6 grüne, längliche Perlen; 2 Wackelaugen, 1 cm Ø; Klebstoff; Schere; grüner Filzstift.

Ausführung

❧ Die Wattekugel mit grünem Filzstift bemalen und trocknen lassen. Mit einer Stricknadel wird das Loch in der Wattekugel vergrößert.

❧ Nun klebst Du in das Loch einen 20 cm langen Pfeifenputzer hinein und läßt alles trocknen.

❧ Die Kreise werden mit Hilfe von Schablonen zugeschnitten. Aus grünem Moosgummi: Halsmanschette, Brustteile und Bauchteile. Aus rotem Moosgummi: Vier Kreise für die Hose.

❧ Die Halsmanschette einschneiden, zusammenkleben und gut trocknen lassen.

❧ Nun fädelst Du Flip wie folgt von oben nach unten auf:

❧ Halsmanschette: Oberkörper aus grünem Moosgummi: zweimal abwechselnd 1 grüne, längliche Perle, Kreis, 4 cm Ø. Nun dreimal abwechselnd Kreis, 5 cm Ø, längliche grüne Perle (siehe Skizze Brust und Bauch).

❧ Hose aus rotem Moosgummi: Kreis, 5 cm Ø, kleine rote Perle, Kreis, 4 cm ø, rote Perle, Kreis, 3 cm ø, rote Perle, Kreis, 2 cm ø.

❧ Für das zweite Bein schneidest Du ein Stück Pfeifenputzer 10 cm lang zu und drehst ihn unterhalb des Körpers beim herausschauenden Pfeifenputzer (= 1. Bein) gut fest.

❧ Auf jedes der Beine vier rote Perlen auffädeln, die Füße zweimal aus Moosgummi zuschneiden, durch den Pfeifenputzer stecken und festdrehen.

❧ Die Arme entstehen so: zwei Pfeifenputzer in der Länge von 25 cm zuschneiden. Ein Pfeifenputzer wird unterhalb der Halskrause, der zweite Pfeifenputzer unterhalb des dritten Kreises herumgewickelt. Die Arme lustig biegen.

❧ Nun klebst Du die Wackelaugen auf.

❧ Die Teile des Zylinderhutes aus schwarzem Moosgummi zuschneiden, zusammenkleben und zuletzt mit einem roten Bändchen oder Pfeifenputzer verzieren.

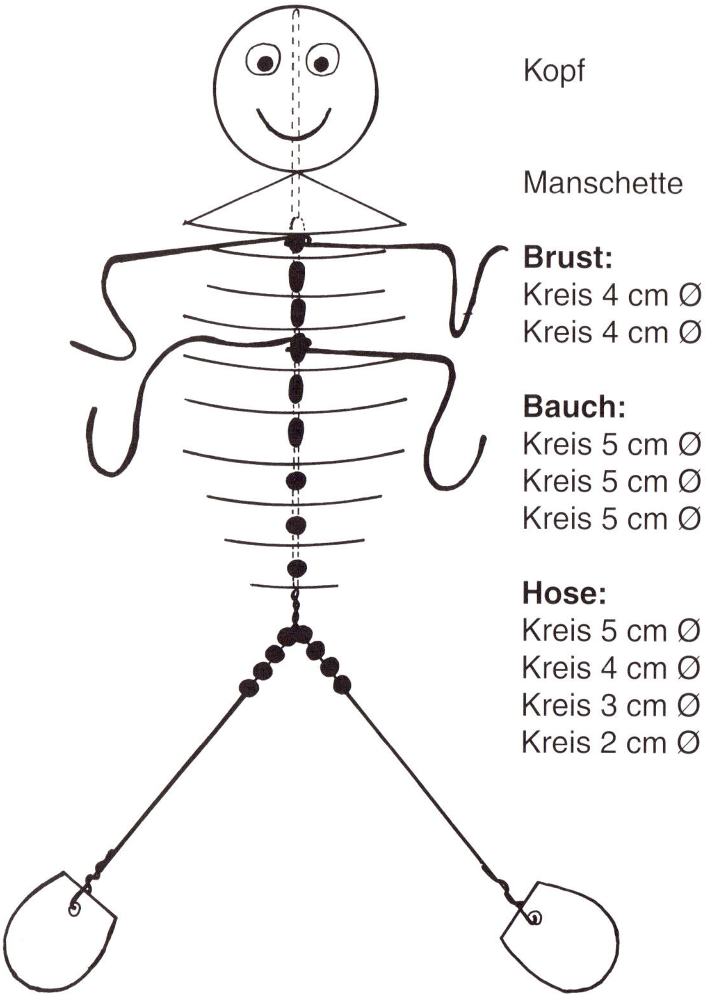

Der faule Willi

Material

Gelbes, schwarzes und weißes Moosgummi; 2 schwarze Pfeifenputzer; Wattekugel, 3 cm ø; 7 gelbe, längliche Perlen; Fellrest für die Haare; dünner Draht, 2 x 5 cm; 2 kleine, gelbe Perlen für die Fühler; Klebstoff; Schere; dünne Stricknadel.

Ausführung

- Mit der Stricknadel die Wattekugel durchstechen.
- Pfeifenputzer zuschneiden: 17 cm für den Körper, 8 cm für die Beine, 14 cm für die Arme.
- Die Kreisteile aus gelbem und schwarzem Moosgummi schneidest Du laut Vorlage zu. Hände und Füße werden aus gelbem Moosgummi zugeschnitten.
- Den Körper aus einem Pfeifenputzer (17 cm lang) durch die vorbereitete Wattekugel stecken und das Ende oberhalb des Kopfes umbiegen.
- Die vorbereiteten Kreisteile werden der Größe nach, abwechselnd in Gelb und Schwarz, aufgefädelt. Immer eine längliche Perle dazwischenfädeln. Das zugeschnittene Pfeifenputzer-Beinteil (8 cm = 2. Bein) drehst Du unterhalb des Körpers am herausschauenden restlichen Pfeifenputzer gut fest (= 1. Bein).
- Die Füße werden durch den Pfeifenputzer gesteckt und festgedreht.
- Das Armteil aus dem 14 cm langen Pfeifenputzer unter dem ersten gelben Kreis festdrehen.
- Den Pfeifenputzer steckst Du durch das eingezeichnete Loch in den Händen und drehst ihn fest.
- Die Flügel aus weißem Moosgummi zuschneiden und am ersten gelben Kreis festkleben.
- Zuletzt die Haare aufkleben, das Gesicht mit schwarzem Filzstift aufmalen und die Fühler in den Wattekopf stecken.

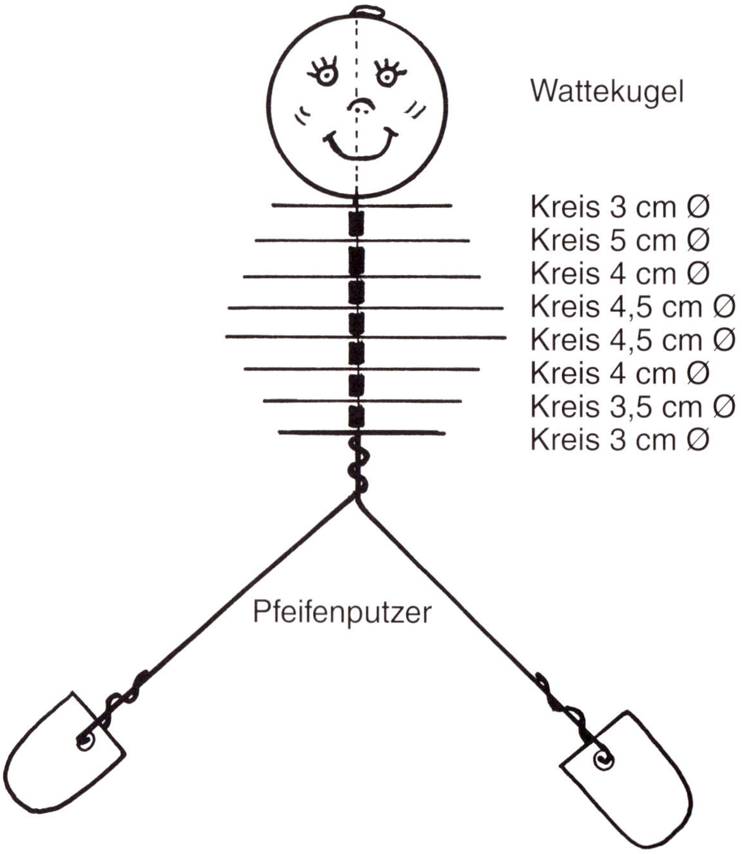

Pompontiere und Stricktiere

Küken

Material

Gelbe Wolle für 2 Kugelquasten; roter Filz oder rotes Moosgummi; Klebstoff; Karton; 2 Wackelaugen, 8 mm Ø.

Ausführung

- Stelle zwei Pompons her (siehe Grundtechnik, Seite 59).
- Die beiden Pompons mit ihren Abbindefäden so zusammenknoten, daß Kopf und Bauch entstehen.
- Schablonen für Flügel und Schnabel sowie Füße (von Ente, Seite 38) abpausen, auf Filz übertragen, ausschneiden und samt Augen ankleben.

Pomponhase

Material

Braune Wolle für 2 Kugelquasten; brauner Filz oder braunes Moosgummi für Ohren, Nase und Füße; braune Wolle für Schnurrbart; Klebstoff; Karton; 2 Wackelaugen, 8 mm Ø (oder aus Karton ausgeschnittene und bemalte Augen).

Ausführung

- Du stellst zwei Pompons her (siehe Seite 59).
- Die beiden Pompons werden mit ihren Abbindefäden so zusammengeknotet, daß Kopf und Bauch entstehen.
- Pause die Schablonen für Ohren, Nase und Füße ab, übertrage sie auf Filz, schneide sie aus und füge die Teile zusammen.
- Vergiß die Augen nicht!

Henne und Hahn

Material

Wolle in passender Farbe; 2 Stricknadeln Nr. 3; Stopfnadel; Füllmaterial (Watte); Moosgummi und Filzreste; Kleber; 2 Wackelaugen, 1 cm Ø (Hahn); 2 Wackelaugen, 8 mm Ø (Henne)

Ausführung

- 20-25 Maschen anschlagen und 10-15 cm (= Quadrat) glatt stricken. Alle Maschen abketten, die Fäden vernähen und das Quadrat rechts auf rechts zu einem Dreieck zusammenlegen.
- Mit Windelstich zusammennähen und eine kleine Öffnung zum Füllen offen lassen.
- Die Arbeit umdrehen und mit Füllmaterial ausstopfen. Die restliche Öffnung mit Windelstich zunähen. Schnabel, Füße und Kamm nach Schablonen aus Moosgummi ausschneiden und aufkleben. Für den Schwanz des Hahnes Filzstreifen, 1 cm x 7 cm, für die Henne 1 cm x 5 cm groß, zuschneiden und aufkleben.

Quadrat stricken

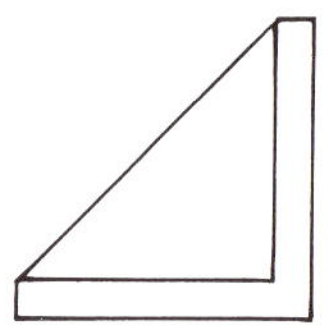

Dreieck zusammenlegen

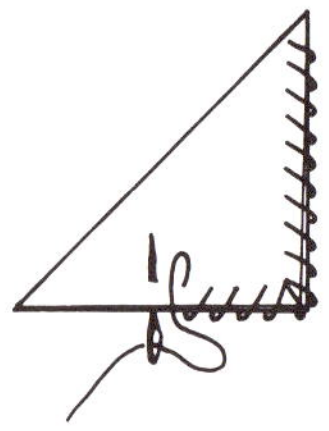

Mit Windelstich zusammennähen und eine Öffnung zum Füllen lassen

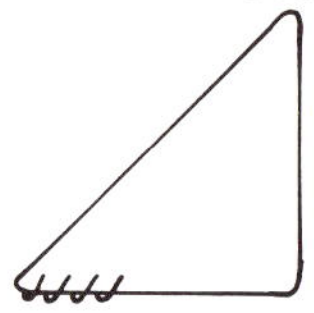

Arbeit umdrehen, füllen, zunähen, ausgestalten

Hase mit Wattekugelkopf

Material

Braune Wolle für 1 Kugelquaste; Wattekugel, 4 cm Ø; brauner und weißer Filz; Stopfnadel; Filzstift schwarz; Klebstoff.

Ausführung

- Du stellst aus brauner Wolle einen Pompon her (siehe Seite 59).
- Die Abbindefäden der Kugelquaste mit Hilfe einer Stopfnadel durch die Wattekugel ziehen und verknoten. Die Endfäden mußt Du abschneiden.
- Pause die Schablonen für die Ohren ab, übertrage sie auf Filz, schneide sie aus, und klebe die Ohren am Wattekugelkopf fest.
- Male mit schwarzem Filzstift ein lustiges Hasengesicht auf.

Gewebter Wandschmuck aus verschiedenen Materialien

Material *(für Seite 27)*
Webbrett; Garn zum Spannen; verschiedene Materialreste (Stoffbänder, Wolle, Gräser, Bast, Perlen, Strohhalme usw.); 2 dünne Holzstäbe (Schaschlikspieße); Holzperlen und -oliven.

Ausführung

❧ Den Webrahmen mit dem Garn bespannen.
❧ Die verschiedenen Materialien kannst Du nach Gefallen einweben. Das Webmaterial kann gut mit den Fingern eingezogen werden.
❧ Am oberen und unteren Rand die Schaschlikstäbe einweben und die Enden der Stäbe mit Holzperlen verzieren.
❧ Nimm die Webarbeit vom Webbrett. Nun kannst Du Deine Arbeit individuell ausgestalten, z.B. Fransen einhängen, Zöpfe flechten, Quasten und/oder Perlen anbinden …

Material *(für Seite 26)*
Webbrett, Webnadel, Wolle in verschiedenen Farben, Rundholzstab (etwas länger als das Webbrett), verschiedene Perlen.

Ausführung

❧ Die Kettfäden werden rund um das Webbrett doppelt gespannt.
❧ Das Einweben der Schußfäden: Mit jedem Faden nur eine Hin- und Rückreihe arbeiten und die Fadenenden immer auf derselben Seite hängen lassen. Die Fäden dürfen nicht abgeschnitten werden! Diese Fäden werden durch Auffädeln von Perlen, Flechten, Knoten und Abbinden der Fäden individuell verziert.
❧ Das Webbrett auf die Rückseite drehen, die Kettfäden in der Mitte durchschneiden und die Arbeit vom Webbrett nehmen.
❧ Die Kettfäden werden jetzt dicht an der Webarbeit miteinander verknotet und auf die gewünschte Länge abgeschnitten.
❧ An der Längskante befestigst Du den Rundholzstab mit dem Windelstich.
Zum Aufhängen wird eine Wollschnur gedreht und links und rechts am Rundholzstab angeknotet.

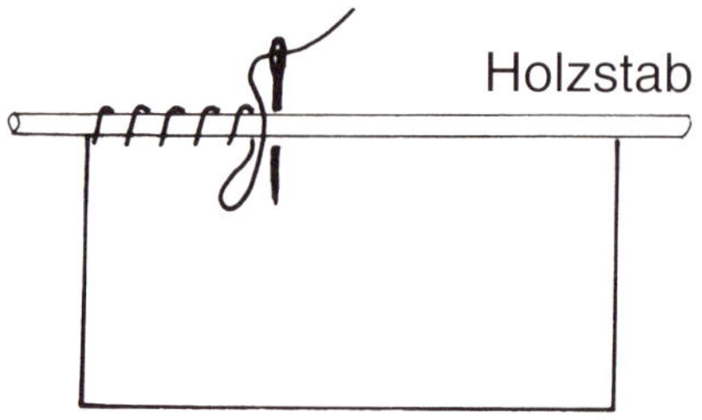

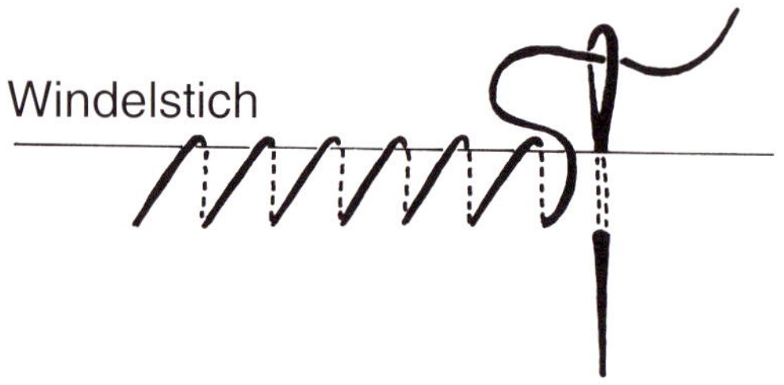

Blumenstrauß

Material

Weiche Papierservietten; Garnreste; Blumendraht; Kreppapier in passender Farbe für die Manschette; grünes Tonpapier für die Blätter; 4 Holzspieße.

Ausführung (siehe Skizzen)

❧ **Blüten:** Lege eine geöffnete Papierserviette zur Hälfte zusammen, und schneide die Bugkante ab (siehe Skizze 1). Aus diesem Teil faltest Du nun eine geöffnete Blüte (siehe Skizze 2-4): Wir falten an einer Schmalseite beginnend jedes Teil möglichst genau wie eine Ziehharmonika und binden diese in der Mitte mit je vier ca. 20 cm langen Garnfäden ab. Die Fäden auf ca. 6 cm Länge kürzen (= Blütenstaub). Für den Stengel einen Blumendraht um die Mitte biegen und zusammendrehen. Und nun vorsichtig die dünnen, einzelnen Papierlagen auseinanderziehen.

❧ **Knospen:** Für die Knospen wird von einer gefalteten Serviette ein Streifen von 6 cm abgeschnitten und zur Hälfte gebogen. Nun wieder bei der Schmalseite beginnend zuerst eng und dann locker aufrollen. Um das untere Ende der Knospe einen Blumendraht wickeln (= Stengel).

❧ **Blätter:** Aus grünem Tonpapier schneidest Du die Blätter nach Vorlagen oder eigenen Ideen aus und befestigst sie an einem Stengel aus Blumendraht. Die einzelnen Teile zu einem Strauß zusammenbinden. Zum Schluß wird ein breiter Kreppapierstreifen in der gewünschten Farbe für die Manschette zugeschnitten und um den Blumenstrauß gewickelt. Die Papiermanschette mit einer farblich passenden Schleife festbinden.

Falten der Blüten

1.

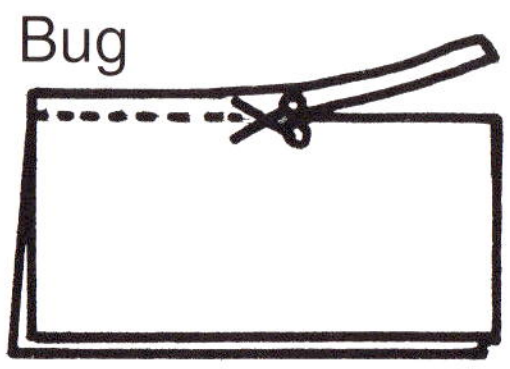

2.

3.

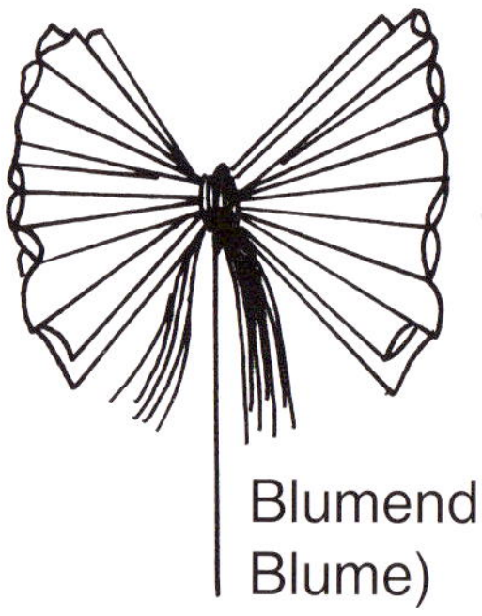

4.

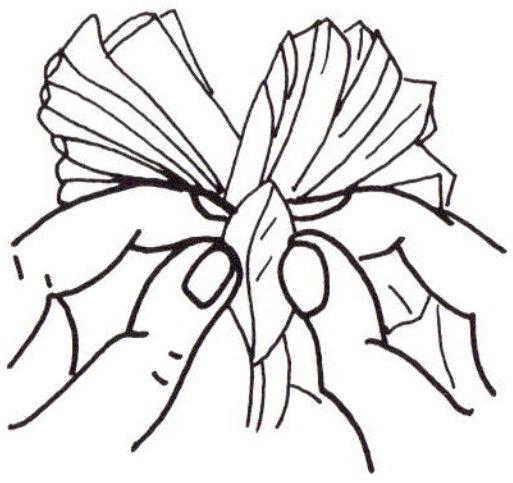

Falten der Knospen

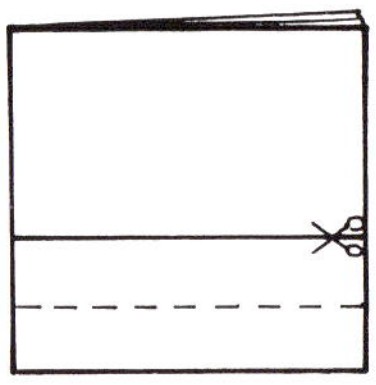

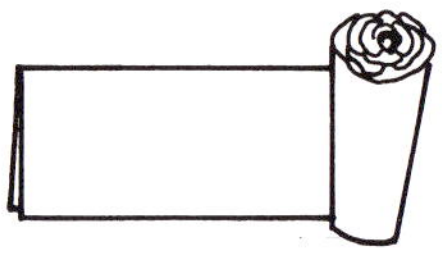

Blumenstecker: Stemas
(oben im Bild)

Material
Schaschlikspieß; Karton; Klebestreifen; blaue und grüne, mittelstarke Wolle; 2 Stricknadeln Nr. 3; 2 Wackelaugen, 1 cm Ø; Klebstoff; 1 Holzperle für die Nase, 1 cm Ø.

Ausführung
- Körper und Kopf aus Karton zuschneiden. Den Kartonkopf klebst Du auf den Kartonkörper. Der Spieß wird mit dem Klebestreifen in der Mitte des Körpers festgeklebt.
- Kopf: 10 Maschen anschlagen und abwechselnd 1 Reihe glatt und 1 Reihe verkehrt (links) 10 cm hoch stricken. Die Fäden auf der Rückseite (verkehrte Maschen) vernähen. Das gestrickte Rechteck legst Du zur Hälfte zusammen und klebst es über den Kartonkopf.
- Der Körper wird aus Anschlagmaschen gefertigt. Den Anschlag mit zwei Nadeln arbeiten. Es werden ungefähr sechsmal 40 Maschen benötigt. Beide Enden des Anschlags verknoten, vorsichtig von der Nadel schieben (nicht dehnen, sonst lösen sich die Maschen auf) und eng aneinander auf den Karton kleben. Ebenso werden die Ohren aus je zweimal 25 Maschen hergestellt und kreisförmig aufgeklebt. Zuletzt klebst Du die Augen auf und nähst die Nase an.

Bild: Stemas

Material
Fester Karton und Baumwollstoff, ca. 22 cm x 22 cm; blaue und grüne Wolle; 2 Stricknadeln Nr. 3; grüner und schwarzer Stoffmalstift; 2 Wackelaugen, 1 cm Ø; eine Holzperle für die Nase, 1 cm Ø.

Ausführung
- Karton und Baumwollstoff jeweils 22 cm x 22 cm zuschneiden.
- Den Körper malst Du nach Übertragen der Schablone auf den Stoff auf, läßt ihn trocknen und bügelst dann von der Rückseite zur Fixierung.
- Für den Kopf werden 12 Maschen angeschlagen und 12 Reihen abwechselnd 1 Reihe glatt und 1 Reihe verkehrt gearbeitet.
- Die Fäden vernähen und mit Vorstichen aufnähen.
- Für die Halskrause und für die Füße schlägst Du 30 Anschlagmaschen an, schiebst sie vorsichtig (nicht dehnen!) herunter und klebst sie fest.
- Augen aufkleben und die Nase annähen.
- Das fertige Bild klebst Du auf den Karton. Auf der Rückseite wird eine kleine Schnur zum Aufhängen befestigt.

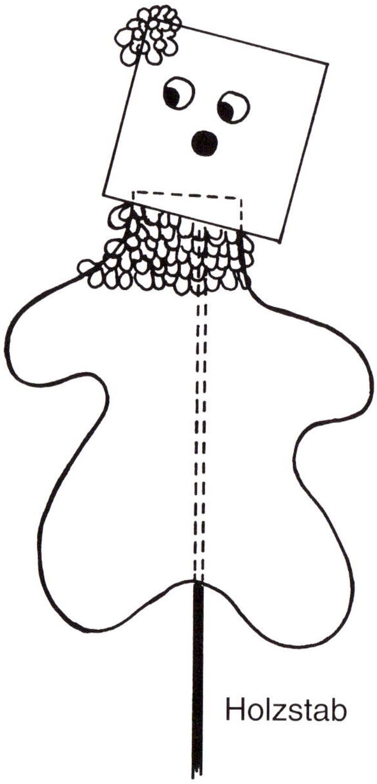

Stemas: Runder Kopf

Material

Grüne und blaue Wolle; 2 Stricknadeln Nr. 3; Stopfnadel; Füllmaterial; 2 Wackelaugen, 1 cm Ø; Holzperle, 1 cm Ø; Klebstoff.

Ausführung

- Beim Kugelkopf werden 20 Maschen angeschlagen und mit glatten oder verkehrten Maschen zum Quadrat gestrickt.
- Die Maschen abketten und die Fäden auf der Rückseite vernähen.
- An den Kanten ziehst Du rundum einen Faden mit Vorstichen ein (siehe Skizze), ziehst beide Fäden zusammen und läßt eine kleine Öffnung zum Füllen.
- Den Kopf stopfst Du fest aus, ziehst den Faden zusammen, verknotest ihn und vernähst die Fäden unsichtbar.
- Jetzt formst Du den Wollknäuel zu einer Kugel, klebst die Augen auf und nähst die Nase an.
- Für die Ohren 30 Anschlagmaschen, für die Halskrause 60 Anschlagmaschen (mit zwei Nadeln und doppelter Wolle) kreisförmig ankleben.

Stemas, runder Kopf

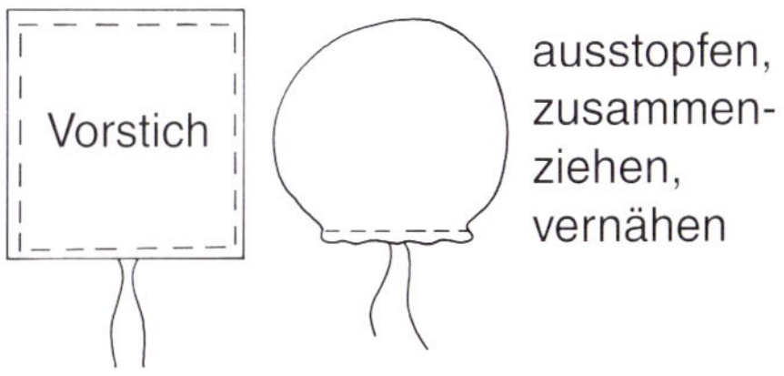

Tasche: Stemas

Material

Baumwolltasche; grüne und blaue Wolle; 2 Stricknadeln Nr. 3; Stopfnadel; grüner Stoffmalstift; 6 Wackelaugen, 1 cm Ø; 3 Holzperlen, 1 cm Ø; Klebstoff.

Stemas rund und eckig

Ausführung

❧ Für die Wiese schlägst Du dreimal 55 Maschen mit zwei Nadeln an, schiebst sie vorsichtig von der Nadel (nicht dehnen!) und klebst sie untereinander auf.

❧ Für den kleinen Kopf 12 Maschen anschlagen und 12 Reihen abwechselnd 1 Reihe glatt, 1 Reihe verkehrt stricken. Die Maschen abketten, die Fäden auf der Rückseite (= verkehrte Maschen) vernähen. Diese gestrickte Fläche nähst Du so mit Vorstichen auf die Wiese, daß die rechte Seite (= glatte Maschen) sichtbar ist.

❧ Der große Kopf wird ebenso aus 15 Maschen und 20 Reihen gearbeitet. Für die Ohren je 15 Anschlagmaschen (wie bei der Wiese) kreisförmig aufkleben.

Stemas mit Luftballons

Ausführung

❧ Den Körper und die Luftballons nach Schablone aufmalen, trocknen lassen und auf der Rückseite zum Fixieren fest bügeln.

❧ Für den Kopf werden zwölf Maschen angeschlagen und zwölf Reihen abwechselnd 1 Reihe glatt und 1 Reihe verkehrt gestrickt.

❧ Die Fäden vernähen und den Kopf mit Vorstichen aufnähen.

❧ Für die Halskrause und für die Füße werden 30 Anschlagmaschen angeschlagen, vorsichtig (nicht dehnen!) heruntergeschoben und festgeklebt.

❧ Nun befestigst Du noch das Gesicht.

Tasche mit Drachen

Material

Baumwolltasche; Wollrest; Häkelnadel; 2 Stricknadeln Nr. 3; bunte Stoffmalstifte; Stopfnadel; Moosgummi für den Mund und für die Augen; schwarzer Filzstift; Klebstoff.

Ausführung

❧ **Rostfarbener Drachen** (Stricken): 15 Maschen anschlagen und abwechselnd 1 Reihe glatt, 1 Reihe verkehrt stricken. Stricke so viele Reihen, daß eine quadratische Fläche entsteht. Alle Maschen abketten, die Fäden vernähen und den Drachen mit Vorstichen auf die Tasche nähen.

❧ **Blauer Drachen** (Häkeln): 15 Luftmaschen häkeln und abwechselnd 1 Reihe feste Maschen, 1 Reihe Stäbchen häkeln. Achte auf einen geraden Rand! Du häkelst wieder ein Quadrat, vernähst die Fäden und befestigst den Drachen mit Vorstichen.

❧ Drachenbänder und Schwänze mit Stoffmalstiften wie auf dem Bild zu sehen aufmalen, trocknen lassen und auf der Rückseite zum Fixieren einbügeln.

❧ Die Augen und den Mund auf Moosgummi aufzeichnen, ausschneiden und die Drachengesichter aufkleben.

Mexikanische Wickelarbeit: Schildkröte

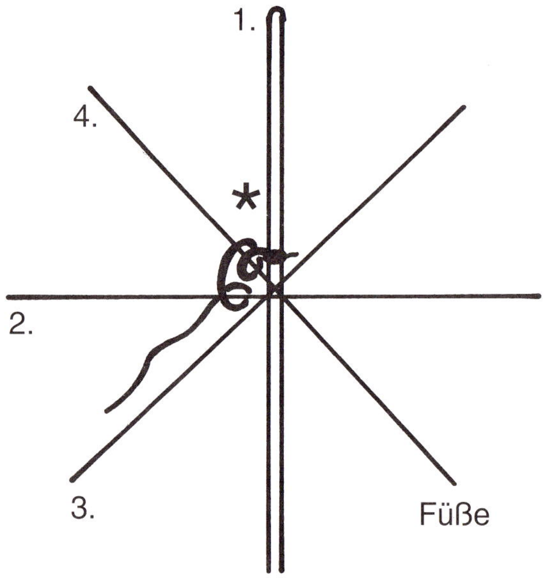

Material

3 Pfeifenputzer (Plüschdraht); grüne und gelbe Wolle; dazu passende Häkelnadel; 2 Perlen für die Augen, 5 mm Ø.

Ausführung

❧ Einen Plüschdraht zur Hälfte zusammenlegen, zwei weitere in der Mitte auseinanderschneiden und alles wie auf der Skizze nach den Nummern anordnen.

❧ Aus der Wolle häkelst Du eine zweifarbige Luftmaschenschnur oder drehst eine Schnur (ca. 1,5 m). Laut Skizze wird sie beim Sternchen an den doppelten Plüschdraht angeknotet. Weiter arbeiten wie bei der Grundtechnik (Mexikanische Wickelarbeit, Seite 61). Fadenende verknoten und abschneiden. Die Skizze zeigt, wie Du die Füße eindrehst, das Schwanzende umbiegst und den Kopf formst. Dann den Körper nach oben wölben und die Augen ankleben.

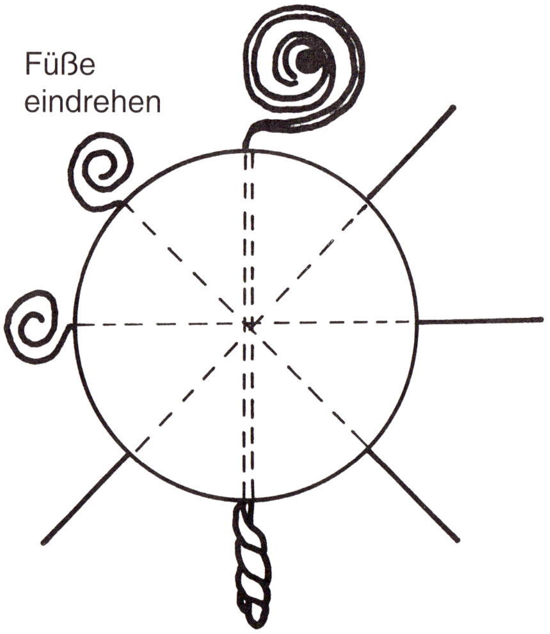

Gewebter Elefant

Material

Graue Wellpappe; weißer Kartonrest für die Stoßzähne; schwarzer Filzstift; Klebstoff; 2 Wackelaugen, 1 cm Ø; ca. 1 m Garn zum Spannen; Wollreste; spitze Stopfnadel; Webnadel; Bleistift; Lineal; Pauspapier; Stecknadeln.

Ausführung

- Die Elefantenteile werden auf Wellpappe übertragen und ausgeschnitten.
- Die Punkte der Satteldecke stichst Du mit einer spitzen Stopfnadel auf einer weichen Unterlage durch.
- Mit dem 1 m langen Garn die Fäden spannen, auf der Rückseite vernähen und mit Klebeband überkleben.
- Die Satteldecke arbeitest Du nun in Streifenwebe (siehe Grundtechnik, Seite 63).
- Schneide die Stoßzähne aus weißem Karton aus.
- Ohren, Augen, Stoßzähne und Schwanz befestigen.
- Die Füße werden mit schwarzem Filzstift aufgemalt.
- Der Körper wird in der Mitte zusammengeklappt, der Kopf mit dem Schlitz an den Körper gesteckt.
- Mit einem Wollfaden bindest Du den gebogenen Körper zusammen. Und zwar von der Satteldecke der einen Seite unter dem Bauch durch wieder zur Satteldecke der anderen Seite (siehe Skizze).

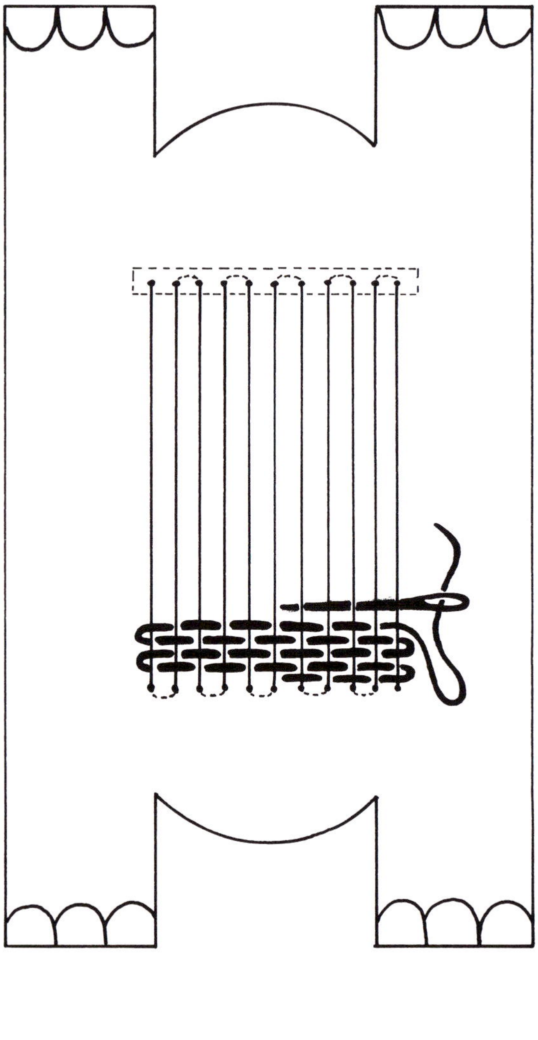

Gestrickter Seehund

Material

Wolle in passender Farbe; 2 Stricknadeln Nr. 3; Stopfnadel; Füllmaterial (Watte); Moosgummi; Wackelaugen, 1 cm Ø; Klebstoff; Wattekugel, 2 cm Ø oder 4 cm Ø; Filzstifte.

Ausführung

- 20–25 Maschen anschlagen und ein Quadrat von 10–15 cm glatt stricken. Alle Maschen abketten, die Fäden vernähen und das Quadrat rechts auf rechts zu einem Dreieck zusammenlegen.

- Mit dem Windelstich nähst Du das Quadrat zusammen und läßt eine kleine Öffnung zum Füllen offen.

- Die Arbeit wird umgedreht und mit Füllmaterial ausgestopft. Die Öffnung wird wiederum mit dem Windelstich zugenäht. Aus diesem Körper stellst Du den Seehund mit Flossen und Bart fertig.

- Die Wattekugel mit Filzstiften bunt bemalen und als Ball auf die Seehundschnauze kleben.

Pompontiere: Ente

Material

Weiße Wolle; orangefarbener Filz oder orangefarbenes Moosgummi; Klebstoff; Karton; schwarze Augenpunkte (= Klebeetiketten).

Ausführung

- Stelle zwei Pompons her (siehe Grundtechnik, Seite 59).

- Die beiden Pompons werden mit ihren Abbindefäden so zusammengeknotet, daß Kopf und Bauch entstehen.

- Pause die Schablonen für Füße, Flügel und Schnabel ab, übertrage sie auf Filz, schneide sie aus, und klebe sie an.

Gewebte Eule

Material

Fester Karton, 11 cm x 9 cm; Wollrest; Webnadel; 2 Wackelaugen, 1,5 cm Ø; Moosgummi.

Ausführung

- Aus dem festen Karton ein Rechteck, 11 cm x 9 cm, zuschneiden. Die obere und die untere Kante schneidest Du jeweils mit der Zackenschere ab.

- Die Fäden wie folgt spannen: Den Anfangsfaden der Wolle auf der Rückseite mit Klebeband festkleben. Die Wolle wird rund um den ganzen Karton gespannt (siehe Zeichnung). Bis zum Ende des Kartons alle Zacken umwickeln. Das Ende der Wolle klebst Du fest.

- Es wird rundherum gewebt, das heißt, sowohl auf der Vorder- wie auch der Rückseite gearbeitet. Das ganze Rechteck webst Du bis oben voll. Achtung: jede Reihe fest an die vorhergehende Reihe schieben, damit der Karton nicht mehr sichtbar ist.

- Zuletzt gestaltest Du das gewebte Körperrechteck aus. Den Schnabel, die Flügel und die Füße aus Moosgummi ausschneiden und ankleben. Klebe die Wackelaugen auf, und fädele einen Faden zum Aufhängen der Eule mit einer spitzen Stopfnadel oben durch den Karton.

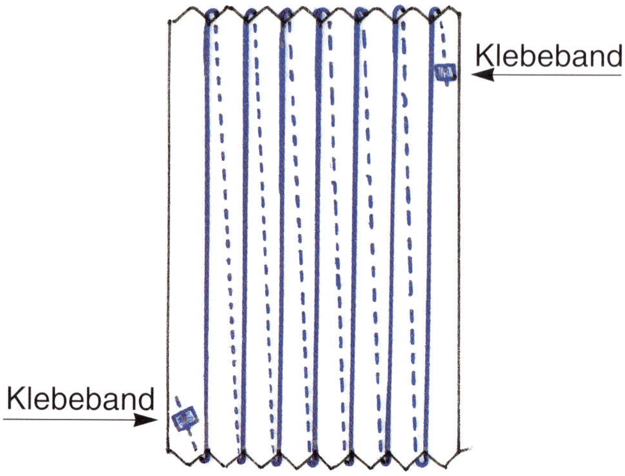

Fäden rund um den Karton spannen

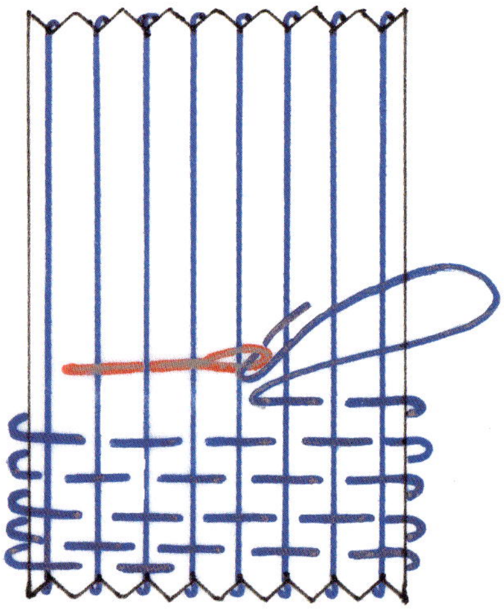
auf der Vorder- und Rückseite weben

ausgestalten

Gestricktes Obst

Apfel

Material

Rote und braune Wolle; 2 Stricknadeln Nr. 3; grüner Pfeifenputzer (Plüschdraht), ca. 10 cm; Füllmaterial (Watte); Stopfnadel; grüner Filzrest für das Blatt.

Ausführung

- Schlage 25 Maschen an, und stricke ein Quadrat von ca. 12 cm x 12 cm, abwechselnd 1 Reihe glatt und 1 Reihe verkehrt.
- Abketten und die Fäden vernähen.
- An den Kanten ziehst Du rundum einen Faden mit Vorstichen ein. Beide Fäden zusammenziehen und eine kleine Öffnung zum Füllen lassen.
- Stopfe den Apfel fest aus, ziehe die Fäden zusammen, verknote und vernähe sie unsichtbar. Forme das Werk zu einer Kugel.
- Den Apfelstengel aus dem Pfeifenputzer in die gestrickten Maschen einhängen, den Draht zur Hälfte umbiegen und zusammendrehen. Aus grünem Filz schneidest Du das Blatt nach der Schablone aus und klebst es um den Stengel. Nun fehlen noch kurze, braune Wollfäden, die Du für die vertrocknete Kelchblüte einhängst (siehe Fransen einhängen, Seite 58).

Kirschen

Material

Rote Wolle; 2 Stricknadeln Nr. 3; Füllmaterial; Stopfnadel; grüner Pfeifenputzer; grüner Filz für das Blatt.

Ausführung

10 Maschen anschlagen und ein Quadrat von 4–5 cm Kantenlänge stricken. Die Kirschen werden wie der Apfel hergestellt.

- Zwei Kirschen hängst Du an den zur Hälfte gebogenen Pfeifenputzer.
- Das nach der Vorlage zugeschnittene Blatt wird am Stiel festgeklebt.

Banane

Material

Gelbe und braune Wolle; 2 Stricknadeln Nr. 3; Füllmaterial (Watte); Stopfnadel.

Ausführung

- 15 Maschen anschlagen und abwechselnd 1 Reihe glatt, 1 Reihe verkehrt, ca. 12 cm hoch stricken. Abketten und die Fäden vernähen.
- Der Länge nach wird die rechte Seite auf die rechte Seite gelegt und mit dem Windelstich zusammengenäht.
- Eine Öffnung mit Vorstichen zusammenziehen und verknoten.
- Das gestrickte Teil umdrehen, ausstopfen und die offene Seite zunähen.
- Mit brauner Wolle umwickelst Du mit Hilfe einer Stopfnadel die Seite.

Birne

Material

Orangefarbene, gelbe oder grüne Wolle; 2 Stricknadeln Nr. 3; grüner Pfeifenputzer; grüner Filz.

Ausführung

- 25 Maschen anschlagen und abwechselnd 1 Reihe glatt, 1 Reihe verkehrt 12 cm hoch stricken.
- Die Birne wird wie der Apfel gearbeitet, nur birnenförmig ausgestopft.

Apfel

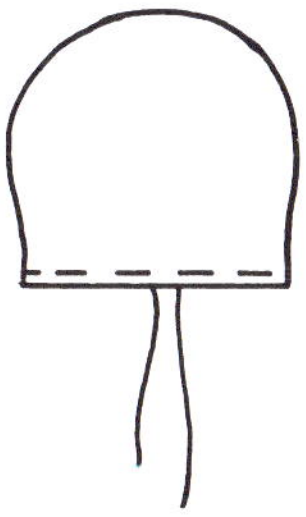

zusammen-
ziehen,
füllen

Apfel
ausgestalten

Banane

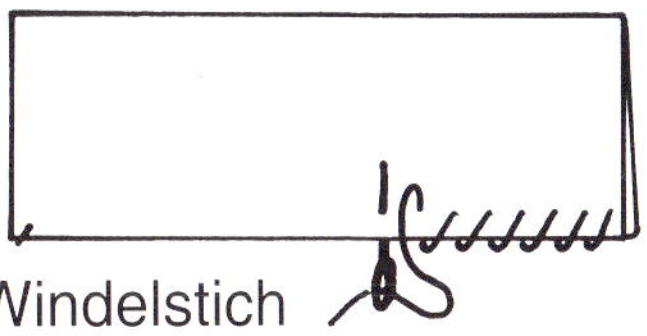

Eine Seite mit Windelstich
zunähen

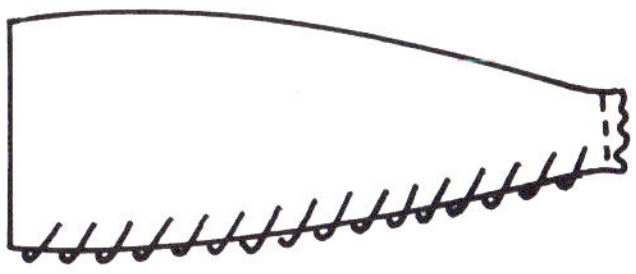

Eine kurze Seite mit
Vorstich zusammennähen,
umdrehen, ausstopfen

Banane ausgestalten

Obstkorb-Abreißkalender

Material

Fester Karton, ca. 16 cm x 27 cm; Jute zum Überziehen; rote und braune Wolle; grüner und brauner Filz; Klebstoff; Schere; Locher; Zackenschere; Abreißkalender.

Ausführung

- Den zugeschnittenen Karton mit Jute bekleben und an der oberen Kante links und rechts lochen. Eine gedrehte Schnur zum Aufhängen durchstecken und verknoten.
- Für den Apfel schneidest Du einen großen, für die Kirschen zwei kleine Kartonringe nach Schablone zu und umwickelst sie gleichmäßig mit roter Wolle. Die Enden werden auf der Rückseite festgeklebt.
- Zeichne den Korb nach Vorlage auf Karton und schneide ihn mit der Zackenschere aus. Nun mit brauner Wolle von oben nach unten umwickeln und die Enden auf der Rückseite festkleben.
- Aus Filz schneidest Du die Stengel und Blätter aus und klebst sie zusammen mit dem Korb und den Früchten auf.
- Der Abreißkalender wird unter dem Korb in der Mitte befestigt.

Mexikanische Wickelarbeit: Drachen

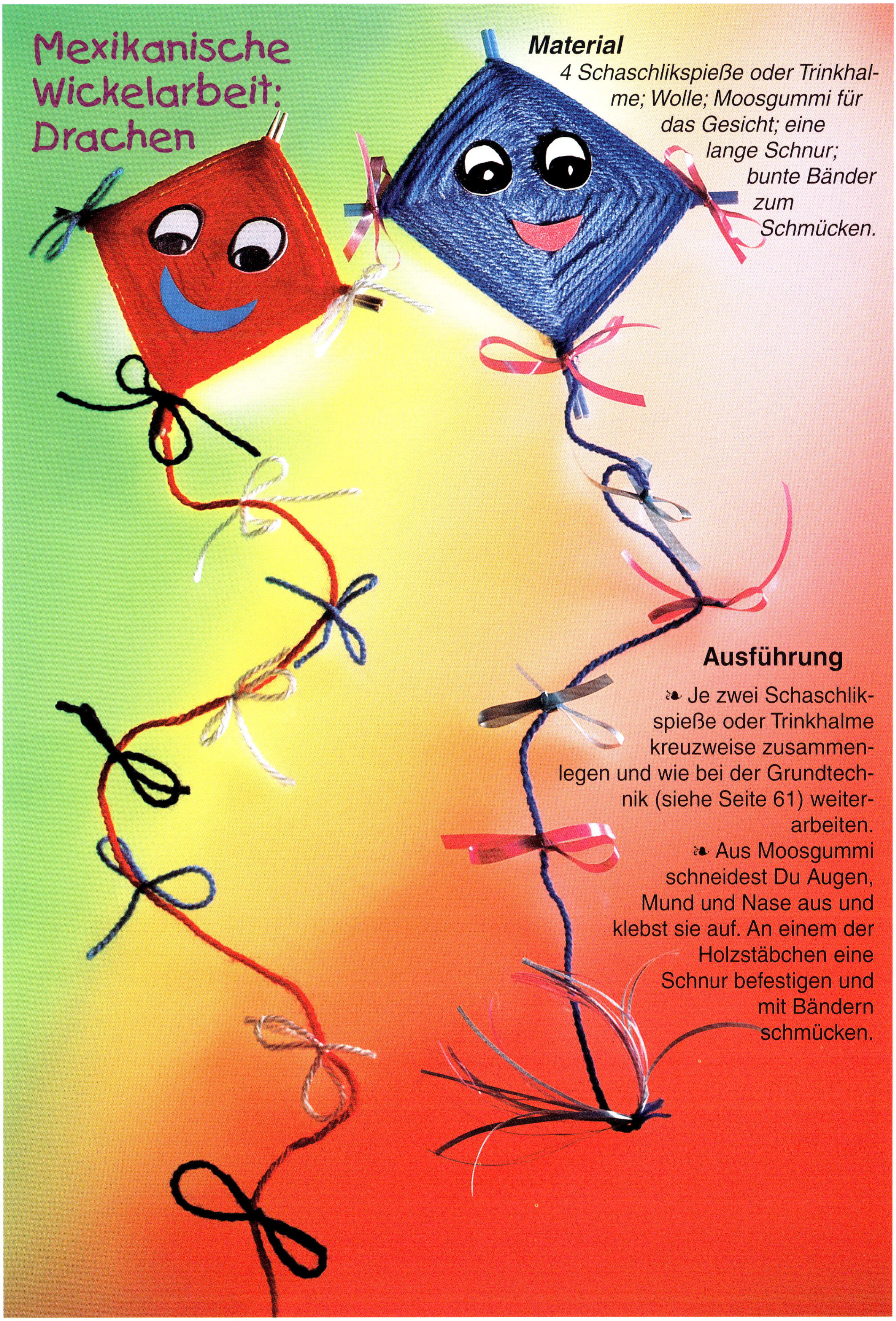

Material

4 Schaschlikspieße oder Trinkhalme; Wolle; Moosgummi für das Gesicht; eine lange Schnur; bunte Bänder zum Schmücken.

Ausführung

❧ Je zwei Schaschlikspieße oder Trinkhalme kreuzweise zusammenlegen und wie bei der Grundtechnik (siehe Seite 61) weiterarbeiten.

❧ Aus Moosgummi schneidest Du Augen, Mund und Nase aus und klebst sie auf. An einem der Holzstäbchen eine Schnur befestigen und mit Bändern schmücken.

Wollis

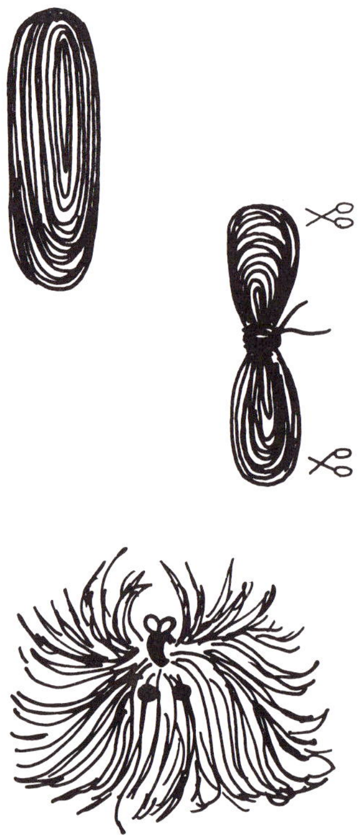

Material

Wolle; 2 Wackelaugen, 8 mm Ø; Klebstoff; Stopfnadel; Schere.

Ausführung

❧ Die Wolle dick um die Hand oder einen Karton wickeln und herunternehmen (siehe Grundtechnik Quaste, Seite 60). Für die Wollis bindet man die Wolle in der Mitte ab und schneidet die Schlingen unten und oben auf.

❧ Nun die Arbeit fest schütteln und die Fäden gleichmäßig schneiden.

❧ Klebe die Augen auf, und binde eine Schleife am Kopf fest.

Wollis mit Perlen

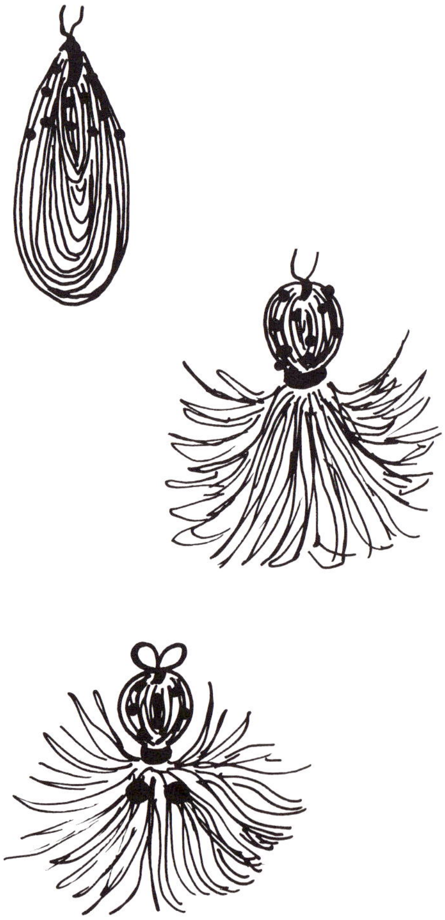

Material

Wolle; 2 Wackelaugen, 8 mm Ø; Klebstoff; Stopfnadel; Schere; ca. 10 Perlen.

Ausführung

❧ Etwa zehn Perlen vor Beginn der Wickelarbeit auf die Wolle fädeln.

❧ Die Wolle wickeln (Grundtechnik, Seite 60).

❧ Nimm die Arbeit herunter, schiebe die Perlen nach oben und binde den Kopf ab (Zeichnung). Die unteren Schlingen aufschneiden und die Augen aufkleben.

Gehäkelte Maskottchen

Material

Mittelstarke Wolle; Häkelnadel Nr. 3; Stopfnadel; Füllmaterial; Moosgummi- oder Filzreste; 2 Wackelaugen, 8 mm Ø; Holzperlen, 3-5 mm Ø; Klebstoff.

Ausführung

❧ Eine Luftmaschenkette von 20–25 Luftmaschen (je nach Stärke der Wolle) häkeln, 1 Luftmasche zum Aufsteigen in die nächste Reihe dazuhäkeln und 8–10 cm in festen Maschen häkeln.

❧ Das gehäkelte Teil legst Du zur Hälfte und nähst es mit dem Windelstich zusammen, wobei eine kleine Öffnung zum Füllen offen bleibt.

❧ Die gehäkelte Arbeit wird umgedreht und ausgestopft. Die Öffnung wieder mit dem Windelstich zunähen.

❧ Aus den Moosgummi- oder Filzresten schneidest Du alle Teile wie Schnabel, Flügel, Füße usw. aus und klebst sie auf. Als Haare etwas Pelz ankleben oder mit Wolle Fransen einhängen. Für die Arme und Beine kann man auch ca. 20 cm lange Wollfäden zur Hälfte zusammenlegen, die Fransen einhängen und zu einem Zopf flechten. Am Ende des Zopfes verknotest Du die Fäden.

❧ Als Nase kannst Du auch eine Holzperle befestigen. Vergiß die Wackelaugen nicht!

Tausendfüßler aus gedrehten Schnüren

Material

Verschiedenfarbige Wolle; Wattekugel, 5 cm Ø; 3 dicke Makramee- oder 6 dicke Wollfäden, ca. 40 cm lang, zum Flechten des Körpers; Filzstifte.

Ausführung

❧ Mit Hilfe einer Stricknadel durchstichst Du das Loch der Wattekugel und ziehst die drei Makrameefäden oder die sechs dicken Wollfäden mit einer Häkelnadel so durch, daß sie ca. 12 cm heraushängen. Mit diesen Fäden machst Du am Kopf einen Knoten, damit sie nicht mehr durchrutschen. Dies sind gleichzeitig die Haare.

❧ Auf der unteren Seite der Kugel werden die langen Fäden geflochten und verknotet. Das ist der Körper.

❧ Die gedrehten Schnüre können in beliebiger Länge, Farbe und Dicke hergestellt werden. Du benötigst ca. 15–20 Schnüre, die mit einem halben Knoten am Körper befestigt werden.

❧ Eine zusätzliche Schnur verwenden wir zum Aufhängen. Sie wird am Schwanzende und unterhalb des Kopfes festgebunden.

❧ Male mit bunten Filzstiften das Gesicht auf die Wattekugel.

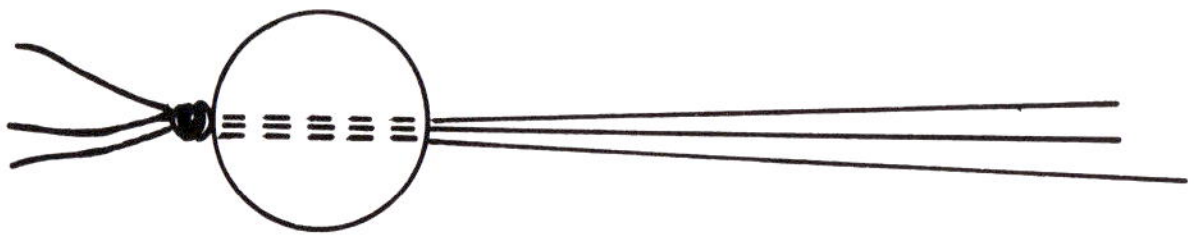

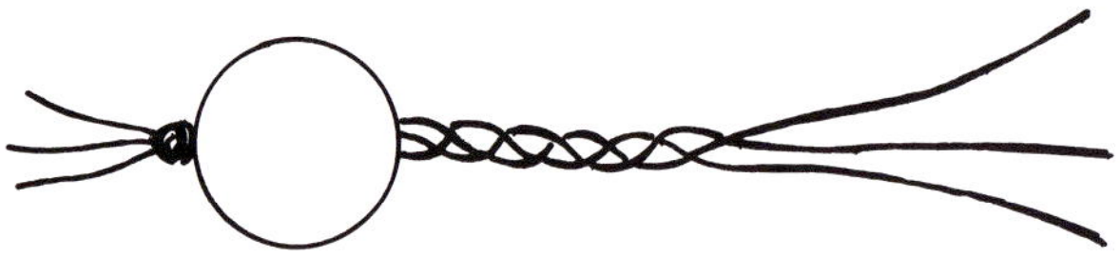

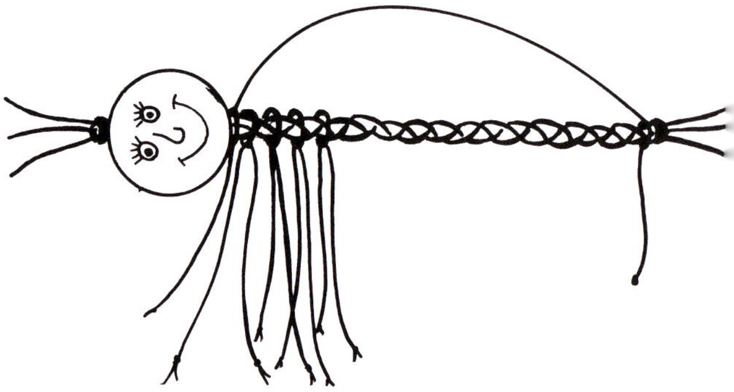

Gedächtnisstütze-Eule

Material

Fester Karton; Zeitungspapier; einige Blätter Küchenkrepp; braunes Kaffeefilterpapier; graue Wollreste; brauner Pfeifenputzer; kleiner Notizblock; Bleistift; 2 Glasaugen, 1,5 cm ø; Holzkugel; Klebstoff; Schere.

Ausführung

❧ Zeichne den Schablonenkörper auf Karton, und schneide ihn aus. Zeitungs-, Küchenrollen- und Kaffeefilterpapier in kleine Stücke reißen (ca. 3 cm x 3 cm) und zu kleinen Kugeln knüllen.

❧ Für die Augen werden zwei Kartonscheiben nach Vorlage ausgeschnitten. Mit grauer Wolle ca. 16mal lose um die Hand wickeln, aufschneiden und diese Fäden einzeln nach Zeichnung in die Scheibe einhängen. Die restliche Scheibe mit einem langen, doppelten grauen Faden umwickeln und den Endfaden auf der Rückseite festkleben (siehe Skizze). Nun die umwickelten Scheiben, die Glasaugen und den Notizblock auf den Kartonkörper kleben und rundherum das „Gefieder" und den Schnabel aus den Papierkugeln mit Klebstoff fixieren.

❧ Für die Krallen (= Bleistifthalter) zwei kleine Stücke braunen Pfeifenputzer durch den Karton stecken und umbiegen. Den Bleistift mußt Du auch am rückwärtigen Ende spitzen. Eine ca. 25 cm lange gedrehte Schnur herstellen, diese in die Holzkugel mit großer Bohrung kleben und die Kugel hinten auf den Bleistift kleben.

❧ Für die Schnur wird an der rechten Körperseite mit einer dicken Nadel ein Loch vorgestochen. Die Schnur von vorne nach hinten durchziehen und auf der Rückseite verknoten.

❧ Zum Aufhängen der Gedächtnisstütze wird ein Wollfaden oder eine dünne Schnur in eine Stopfnadel eingefädelt, oberhalb des rechten und linken Auges durch den Karton gestochen und auf der Rückseite verknotet.

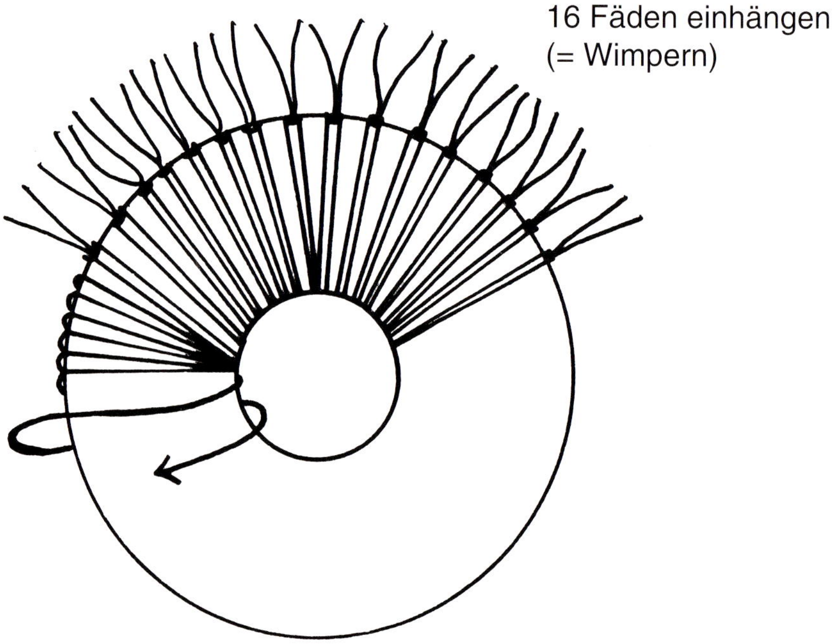

Auge umwickeln

Milch
Eier
Zucker

Lustige Nikoläuse

Nikolaus aus Tonpapier

Material
Rotes Tonpapier; weißer Karton; Watte; Filzstifte; Klebstoff; Schere.

Ausführung

- Nikolauskleid und Mütze schneidest Du aus rotem Tonpapier nach Schablone aus. Der Kopf wird aus weißem Karton ausgeschnitten, das Gesicht aufgemalt.
- Das Kleid tütenförmig zusammenkleben, den Kopf an die Spitze kleben und die Mütze aufsetzen.
- Aus Watte entstehen Bart und Haare.
- Das Nikolausgewand und die Mütze können mit Filzstiften oder mit Watte verziert werden.
- Male die Hände (schwarze Kreise) noch auf.

Nikolaus aus Servietten

Material
Weißes Papier; goldenes Geschenkband; Filzstifte; rote Servietten; Schere; Klebstoff; Apfel.

Ausführung

- Pause den Nikolauskopf von der Schablone auf weißes Papier, bemale ihn, schneide ihn aus und klebe ihn zu einem Ring zusammen. Das goldene Kreuz entsteht aus Geschenkband.
- Die Serviette zu einer Tüte zusammenrollen und in den Ring stecken.
- Setze dann den Nikolaus auf einen Apfel.

Rosinenkrampus

Material
Blumendraht, 20 cm und 10 cm; Holzkugel, 2 cm ø; rotes und schwarzes Moosgummi; schwarzer Filzstift; Goldkette, 8 cm; Holzplättchen; Schere; Rundzange; Heißklebepistole.

Ausführung

- Den Blumendraht biegst Du nach Zeichnung.
- Fädele zwei Rosinen oberhalb der Arme für den Hals auf.
- Arme auffädeln bis zur vorletzten Rosine. Das Kettenglied einfädeln. Eine Rosine als Hand dazufädeln und das Drahtende mit einer kleinen Rundzange umbiegen. Genauso wird der zweite Arm gearbeitet. So hält der Krampus die Kette in beiden Händen.
- Für den Körper werden ca. 10 Rosinen auf den doppelten Draht geschoben.
- Nun den doppelten Draht etwas auseinanderbiegen und die zwei Beine mit Rosinen bestücken. Biege die Füße, und klebe sie mit Heißkleber auf ein kleines Brett.
- Fülle Klebstoff in das Loch der Holzkugel, und stecke sie als Kopf auf den überstehenden Draht.
- Das Gesicht bemalen, Zunge und Hörner aus Moosgummi ausschneiden und aufkleben.

Rosinenkrampus
(Skizzen siehe auch Seite 55)

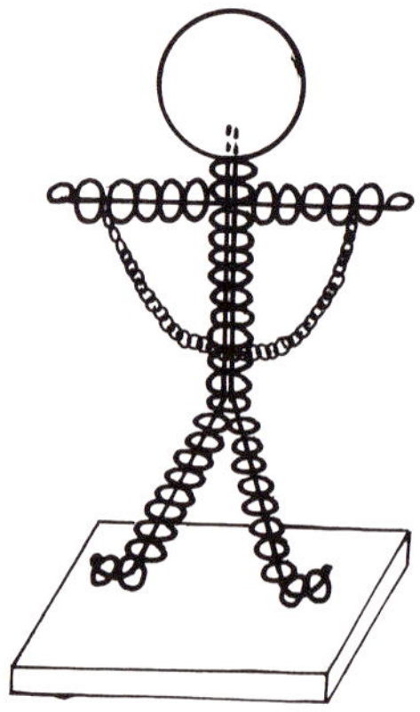

Rosinenkrampus

20 cm Draht
zur Hälfte biegen

10 cm
Draht
zu Armen
biegen

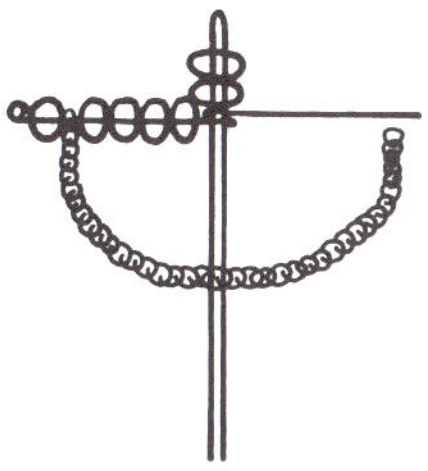

2 Rosinen als Hals,
Rosinen für den Arm auffädeln,
Kette einhängen,
1 Rosine auffädeln,
Drahtende umbiegen

Kerzenständer aus Wellpappe

Material

Feine Wellpappe; Klebstoff; Papprolle (Toilettenpapierrolle); kleine Steine; Goldstift; dünne Goldkordel; Sternenkette; Kerze.

Ausführung

- Schneide vier Streifen in der Größe 2,5 cm, 5 cm, 2 cm und 3 cm Breite und 18 cm Länge zu. Außerdem benötigst Du zwei Kreise von 6 cm ø (siehe Vorlagen).
- Umklebe die Papprolle mit einem der Größe der Rolle angepaßten Wellpappe-Streifen. Als Boden verwenden wir einen der zwei zugeschnittenen Kartonkreise. Fülle die kleinen, trockenen Steine zum Beschweren in die Rolle, und verschließe sie mit der zweiten Kartonscheibe.
- Für den Kerzenhalter den 3 cm breiten Streifen fest um die Kerze wickeln und zusammenkleben. Darüber wird der 2 cm breite Streifen geklebt. Klebe die Kerze auf den oberen Kreis des Ständers, und lasse alles trocknen.
- An die untere Kante des Kerzenständers klebst Du übereinander den 5 cm breiten und den 2,5 cm breiten Streifen.
- Zur Verzierung die drei Kartondreiecke nach Schablone ausschneiden, über einen Bleistift rollen und an die Vorderseite des Kerzenständers kleben. Aus der Goldkordel stellst Du eine Quaste (siehe Seite 60) her und klebst sie mit der Sternenkette fest.
- Mit dem Goldstift bemalst Du noch Kanten, Ränder und Rundungen.

Weihnachtskarten

Material

Baumwollstoff; Stoffmalfarben; Stopfnadel; Passepartoutkarte; Klebstoff.

Ausführung

- Schneide den Stoff etwas größer zu als die Passepartoutkarte, und male in die Mitte das Motiv mit den Stoffmalfarben, nachdem Du die Konturen übertragen hast. Trocknen lassen.
- Am Rand mit der Nadel die einzelnen Fäden nach links, rechts, oben und unten in gleichmäßigem Abstand verziehen. Die farbigen Fäden verschieben sich so in den Hintergrund, die Farbe des Hintergrundes in die bemalte Fläche.
- Nun schneidest Du den Stoff etwas kleiner als die Passepartoutkarte bzw. den Ausschnitt zu und klebst ihn in die Karte.

Kerzenständer aus Wellpappe

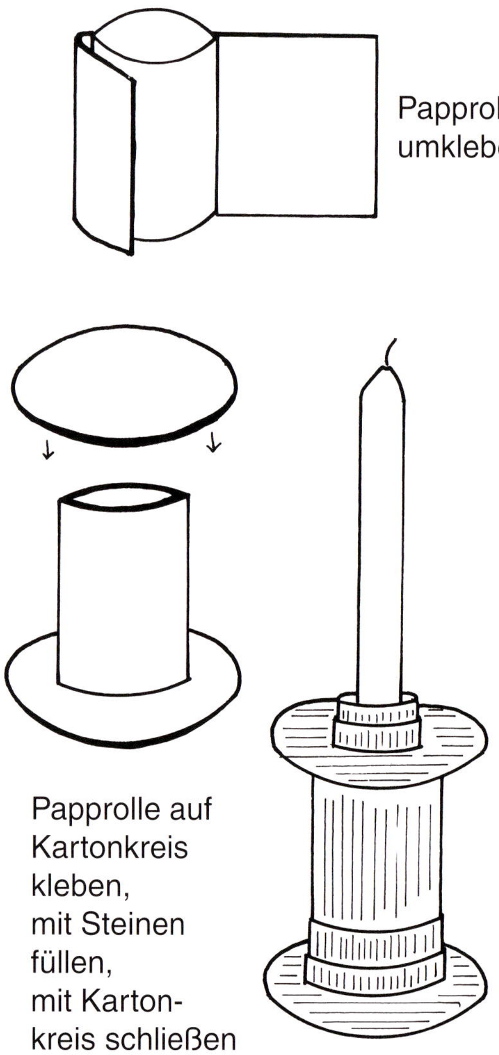

Grundtechniken

Das Einhängen von Fäden

Die Fäden zur Hälfte zusammenlegen, die Schlinge durch das Werkstück (gestrichelte Fläche) durchstecken und die Fadenenden durch die Schlinge ziehen. Als Hilfsmittel kann eine Häkelnadel verwendet werden.

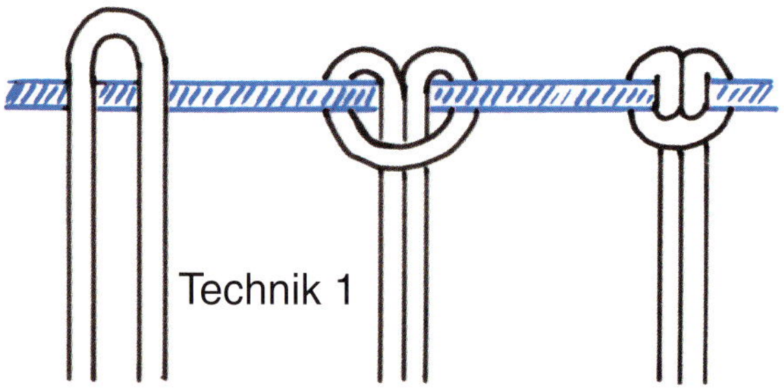

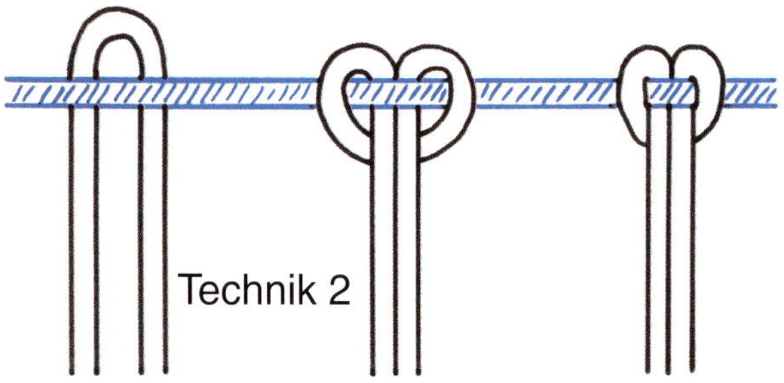

Das Flechten von Schnüren

Beim Flechten verwendet man drei Fäden. Immer die beiden äußeren Fäden abwechselnd nach innen legen:
3 in die Mitte legen
1 in die Mitte legen
2 in die Mitte legen
und von vorne wiederholen, bis zur gewünschten Zopflänge.

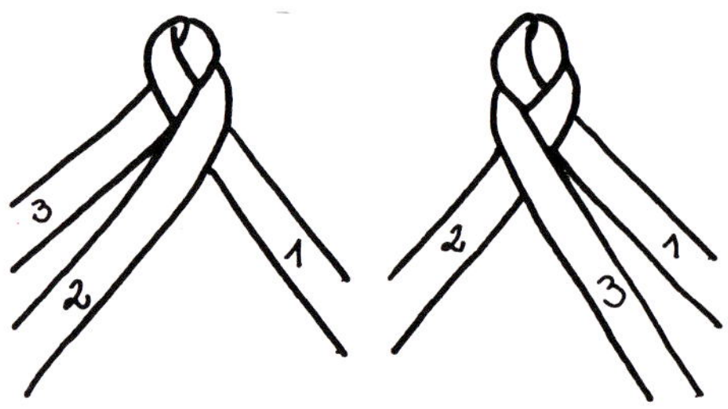

Das Drehen von Schnüren

Schneide den Faden **viermal** länger als die gewünschte Schnurlänge ab.
Den Faden zur Hälfte zusammenlegen, verknoten, bei der Türklinke einhängen und den doppelten Faden in eine Richtung drehen. Dafür kannst Du einen Bleistift zu Hilfe nehmen. Solange drehen, bis der Faden fest und gleichmäßig eingedreht ist. Die Arbeit von der Türklinke nehmen (Vorsicht, daß sich der Faden nicht aufdreht!) und beide Enden fest verknoten. Die eingedrehte Schnur von oben nach unten gleichmäßig ausstreifen.

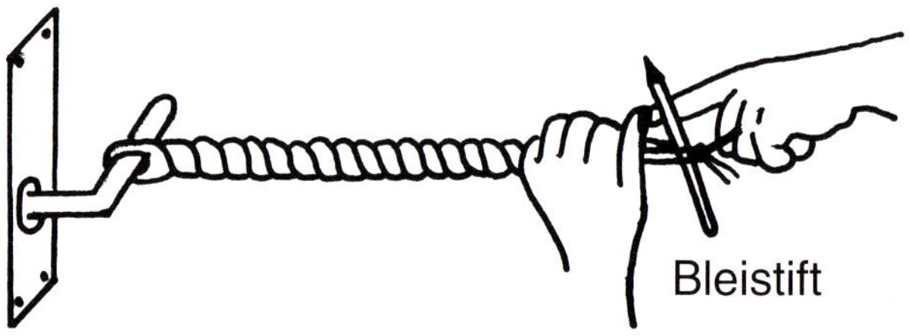

Pompons wickeln

Zwei Pappringe ausschneiden

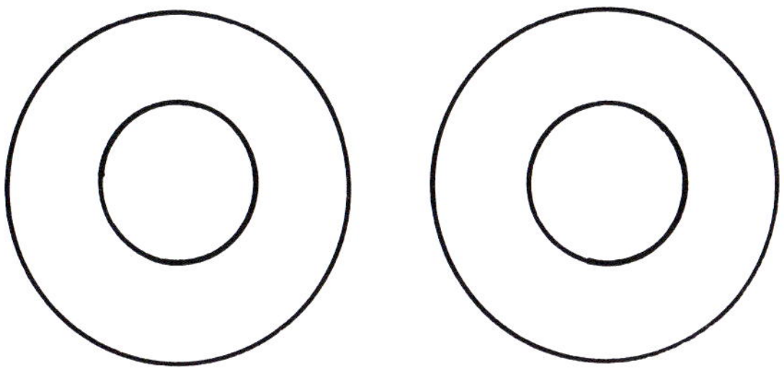

Die übereinanderliegenden Pappscheiben werden in mehreren Reihen umwickelt.

Beim Aufschneiden der Fäden greift die Schere zwischen die beiden Pappscheiben.

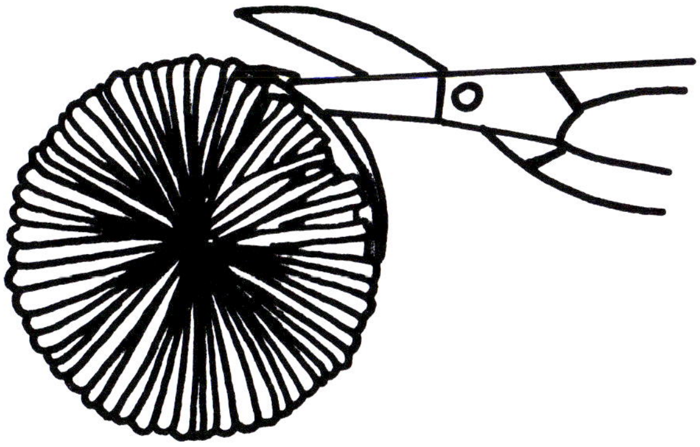

In der Mitte die Fäden abbinden.

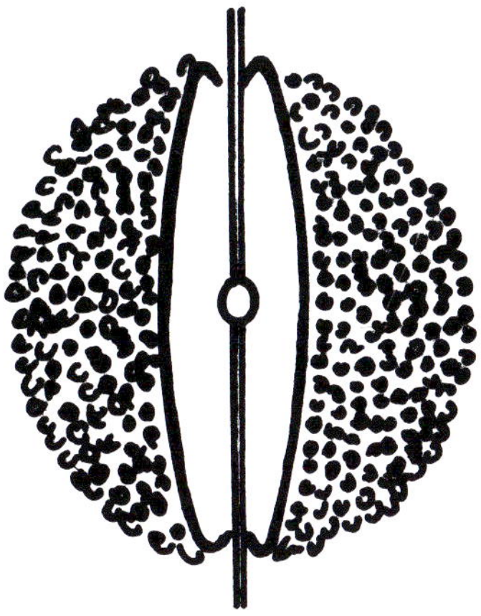

Nach dem Abbinden der Fäden die Pappscheiben bis zur Mitte einschneiden und entfernen.

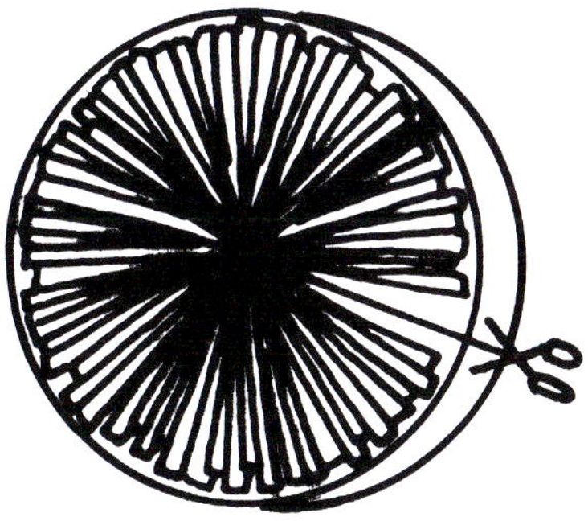

Grundtechniken

Quasten wickeln

Wolle dick um einen Karton oder um die Hand wickeln.

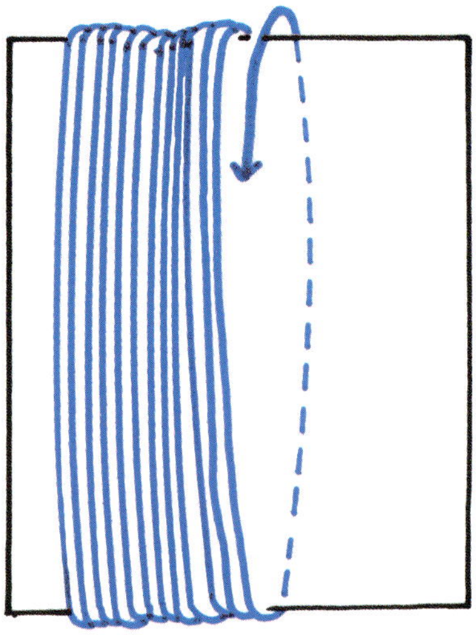

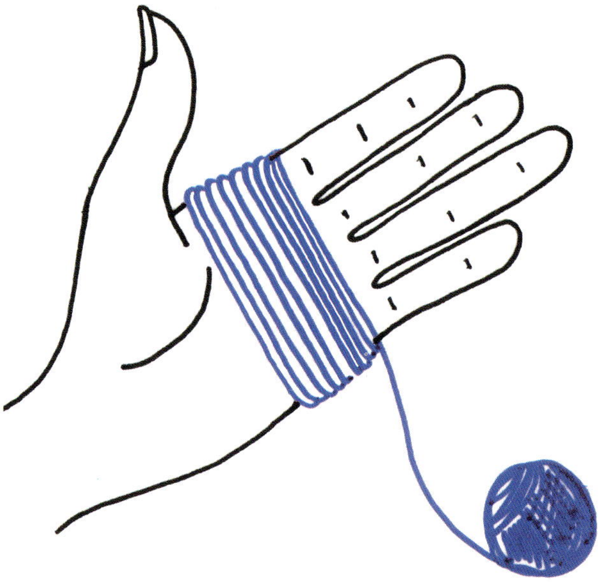

Herunternehmen und in der Mitte abbinden.

Gewünschte Stelle umwickeln. Bei Bedarf die Fäden gerade schneiden.

Mexikanische Wickelarbeit

Material

2 Holzstäbe (Schaschlikspieße) oder Trinkhalme, Wolle oder Garn, Schere, Klebstoff, 4 Holzperlen.

Ausführung

Die Holzstäbe oder Trinkhalme kreuzweise übereinanderlegen und im Schnittpunkt fest zusammenhalten. Die Wolle in Form einer 8 stramm um den Schnittpunkt legen und festbinden. Die Wolle muß immer von oben um den Stab gewickelt werden. Zu beachten ist dabei, daß jeder Stab ganz von der Wolle bedeckt sein muß, daß der rechte Winkel der Holzstäbe erhalten bleibt und die Fäden nicht übereinanderliegen. Beim Farbwechsel werden die Fadenenden zusammengeknotet. Den Endfaden am Holzstab anknoten, die Stäbe zuspitzen und an den Enden eine Holzperle festkleben.

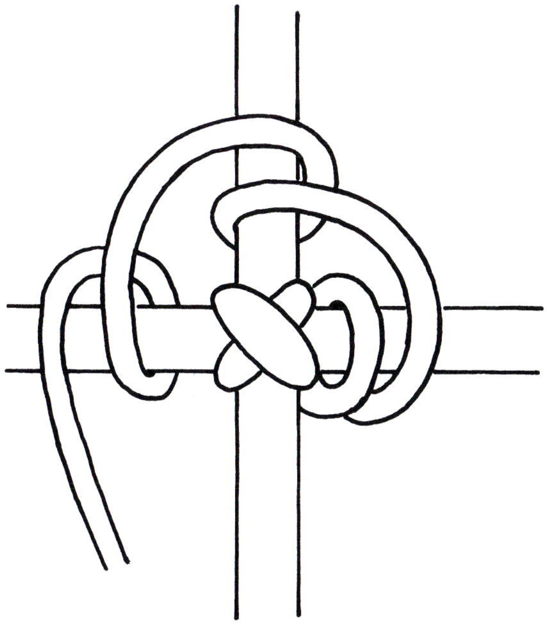

Grundtechnik Weben

Die Fäden, die beim Weben gespannt werden, nennt man Kettfäden.
Die Fäden, die eingewebt werden, nennt man Schußfäden. Die Schußfäden werden mit Hilfe der Webnadel oben - unten - oben - usw. durch die Kettfäden bewegt.
Achte darauf, daß sich oben - unten - oben - usw. in jeder Reihe abwechselt.
Diese Technik nennt man Leinwandbindung!

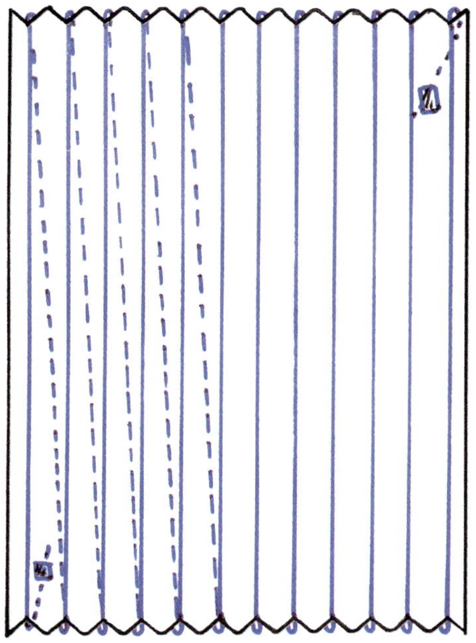

Weben über Karton

Kettfäden rund um den Karton spannen (nicht zu fest arbeiten). Anfangs- und Endfaden werden festgeklebt. Auf der Vorder- und Rückseite in Runden weben. Und zwar werden die Reihen versetzt gearbeitet: die Nadel wird in der ersten Reihe oben – unten – oben usw. durch die Kettfäden bewegt, in der zweiten Reihe unten – oben – unten usw. (siehe Skizze).

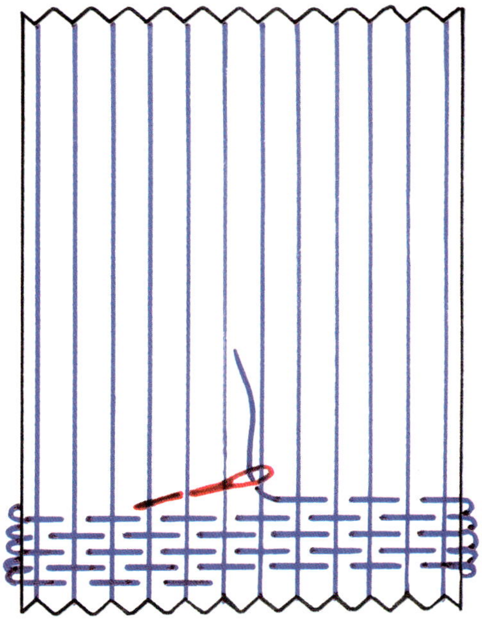

Grundtechniken

Weben auf dem Webbrett

Die Kettfäden straff um die Zacken oder Nägel spannen. Den Anfangs- und Endfaden festknoten.

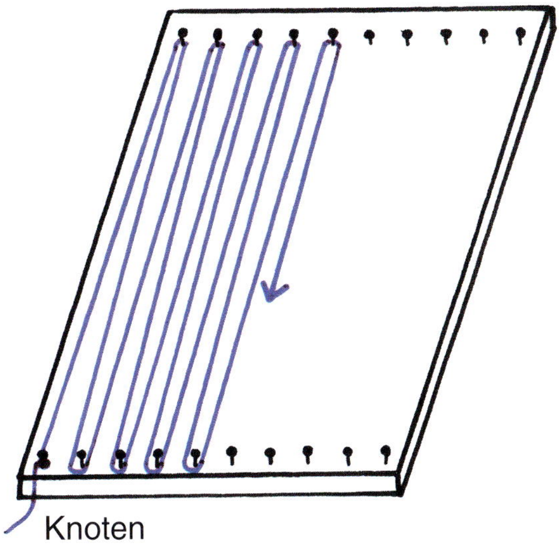

Streifen weben

Wollfäden in verschiedenen Farben in Hin- und Rückreihen arbeiten. Beim Wenden nicht zu fest anziehen, da sich sonst die Arbeit zusammenzieht.

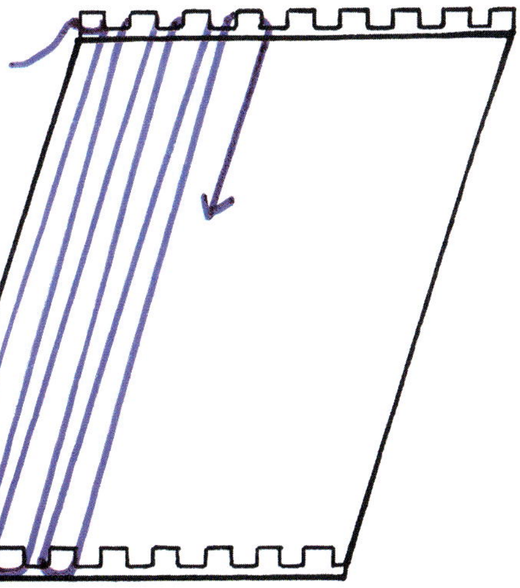

Grundtechnik Häkeln

Die Luftmasche

Die Luftmasche ist die einfachste Häkelmasche. Viele Luftmaschen bilden eine **Luftmaschenkette**, die man auch als Schnur verwendet.

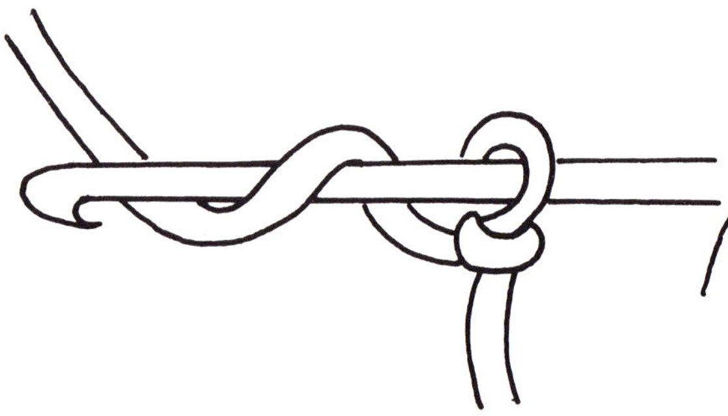

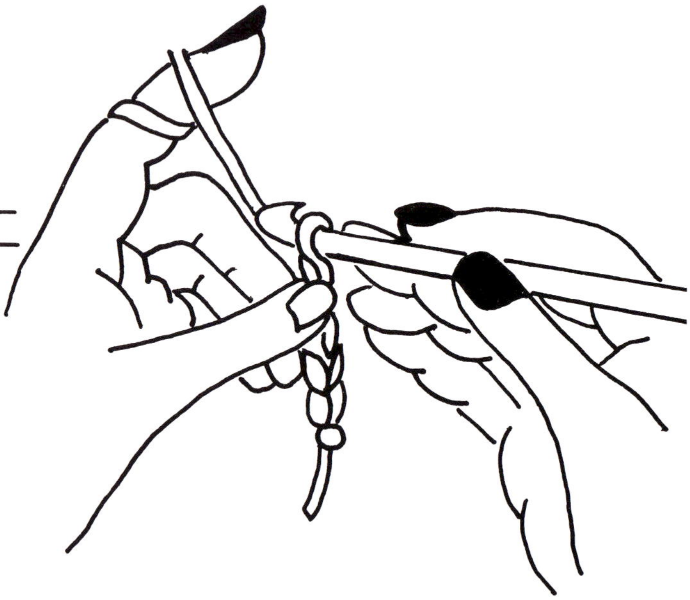

Rechte Seite der Luftmaschenkette

Linke Seite der Luftmaschenkette

Grundtechniken

Die feste Masche

Häkle zum Aufsteigen in die nächste Reihe eine zusätzlich Luftmasche.

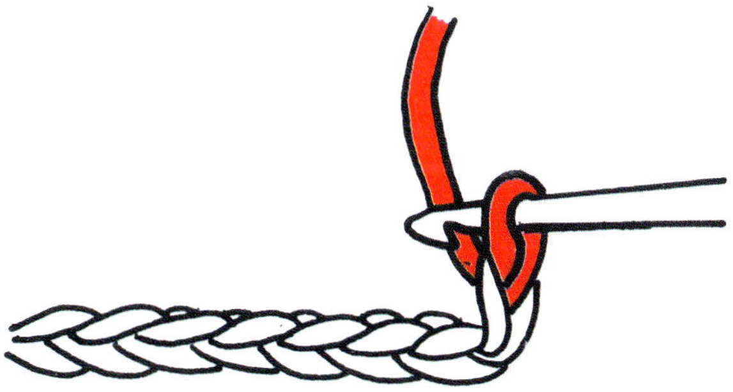

In die obere Schlaufe der zweiten Luftmasche einstechen, Faden vom Zeigefinger holen, durch die Luftmaschenkette ziehen (wir haben jetzt zwei Maschen auf der Nadel), wiederum den Faden vom Zeigefinger holen und durch beide Maschen durchziehen.

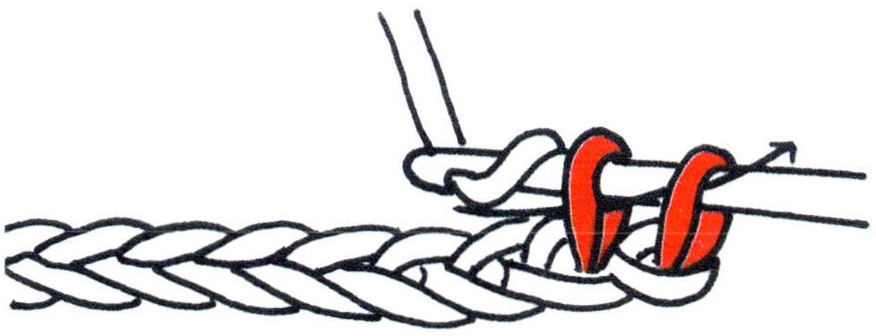

Fortlaufend wiederholen.

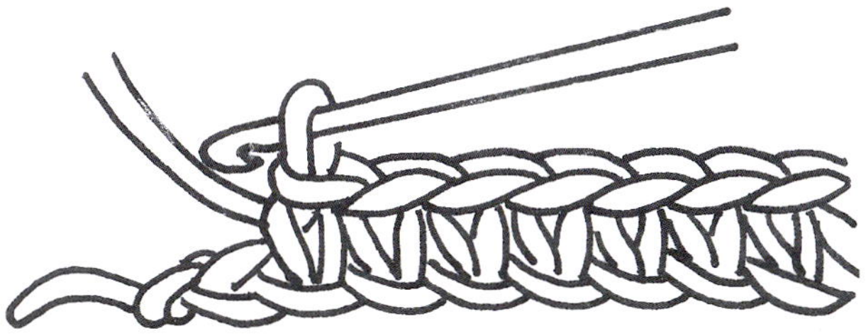

Beim Wenden der Arbeit wieder eine Luftmasche zum Aufsteigen in die nächste Reihe häkeln und in der zweiten festen Masche weiterhäkeln (Aufstiegsmasche zählt als erste feste Masche).

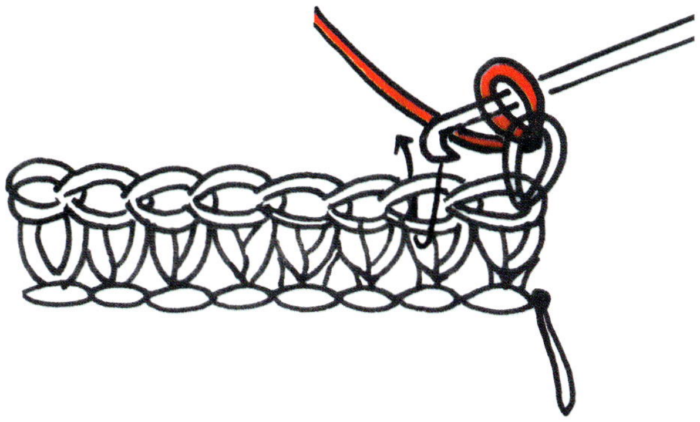

Grundtechniken

Das Stäbchen

Luftmaschenkette plus drei Luftmaschen häkeln (zählt als erstes Stäbchen).

Den Umschlag, das heißt, den Faden von vorne um die Häkelnadel wickeln, in die vierte Luftmasche einstechen, den Faden vom Zeigefinger holen und durch die Luftmaschenkette ziehen (jetzt haben wir drei Maschen auf der Nadel), wiederum den Faden holen, durch zwei Schlingen ziehen, nochmals den Faden holen und wieder durch die restlichen Schlingen ziehen.
Wichtig: Arbeite locker!

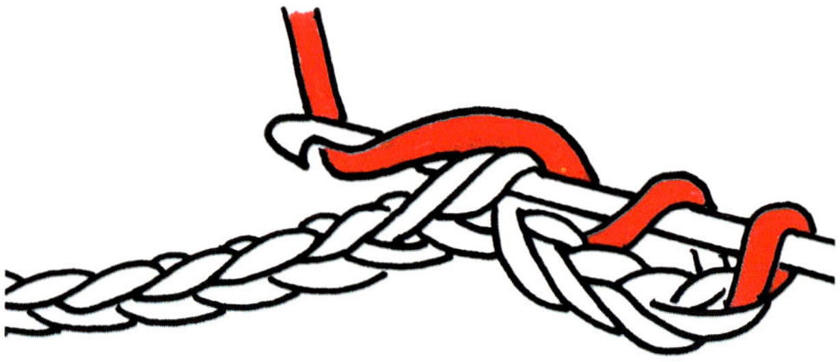

Beim Wenden der Arbeit wieder drei Luftmaschen häkeln (ist zugleich das erste Stäbchen) und auf das zweite und auf jedes weitere Stäbchen ein Stäbchen häkeln.

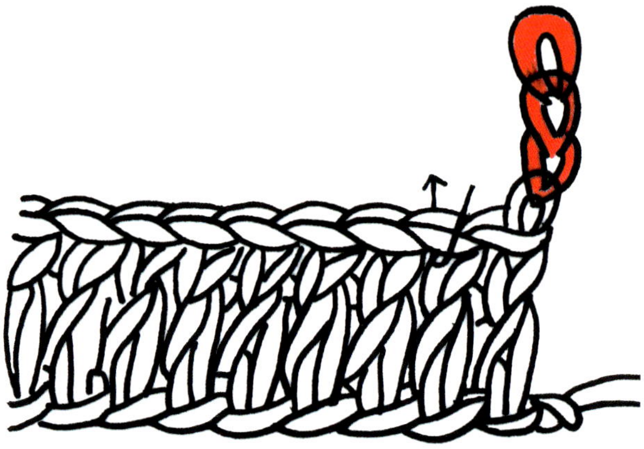

Grundtechnik Stricken

Der Kreuzanschlag

Den Faden um die linke Hand legen (Linkshänder um die rechte Hand).

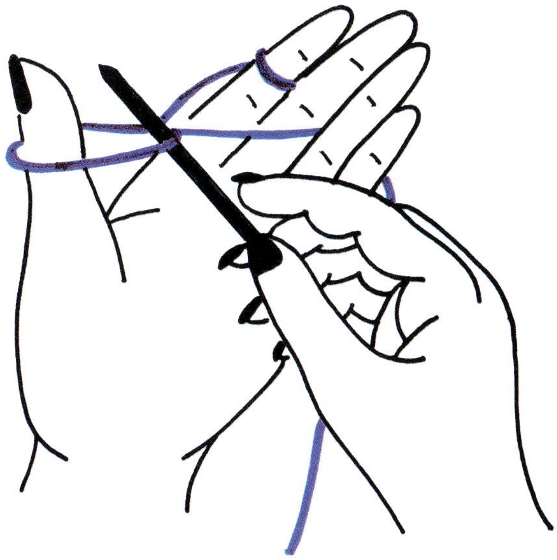

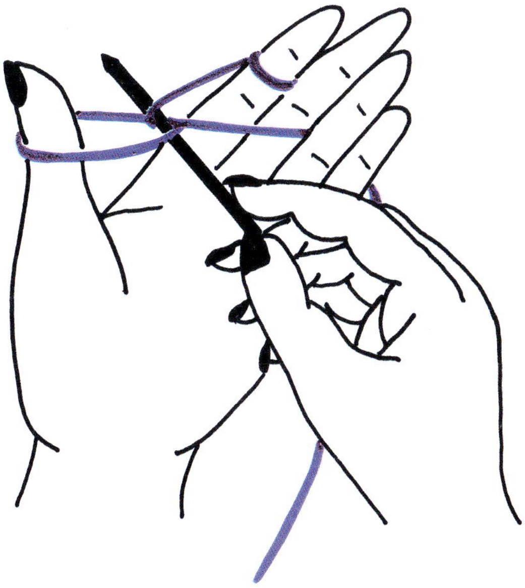

Die erste Masche

Mit der Stricknadel in die Daumenschlinge von unten einstechen, den Faden vom Zeigefinger holen und unterhalb der Daumenschlinge durchziehen. Die Schlaufe vom Daumen gleiten lassen.

Alle folgenden Maschen

Beide Fäden mit drei Fingern festhalten, mit dem Zeigefinger und dem Daumen zwischen beiden Fäden durchschlüpfen und die Stricknadel mit der ersten Masche, zwischen Zeigefinger und Daumen zur Handinnenfläche legen. Den Vorgang so oft wiederholen, bis die gewünschte Maschenzahl auf der Nadel ist.
Der Kreuzanschlag kann mit einer oder zwei Stricknadeln ausgeführt werden. Wenn man ihn mit zwei Stricknadeln ausführt, kann man später die erste Reihe leichter stricken.

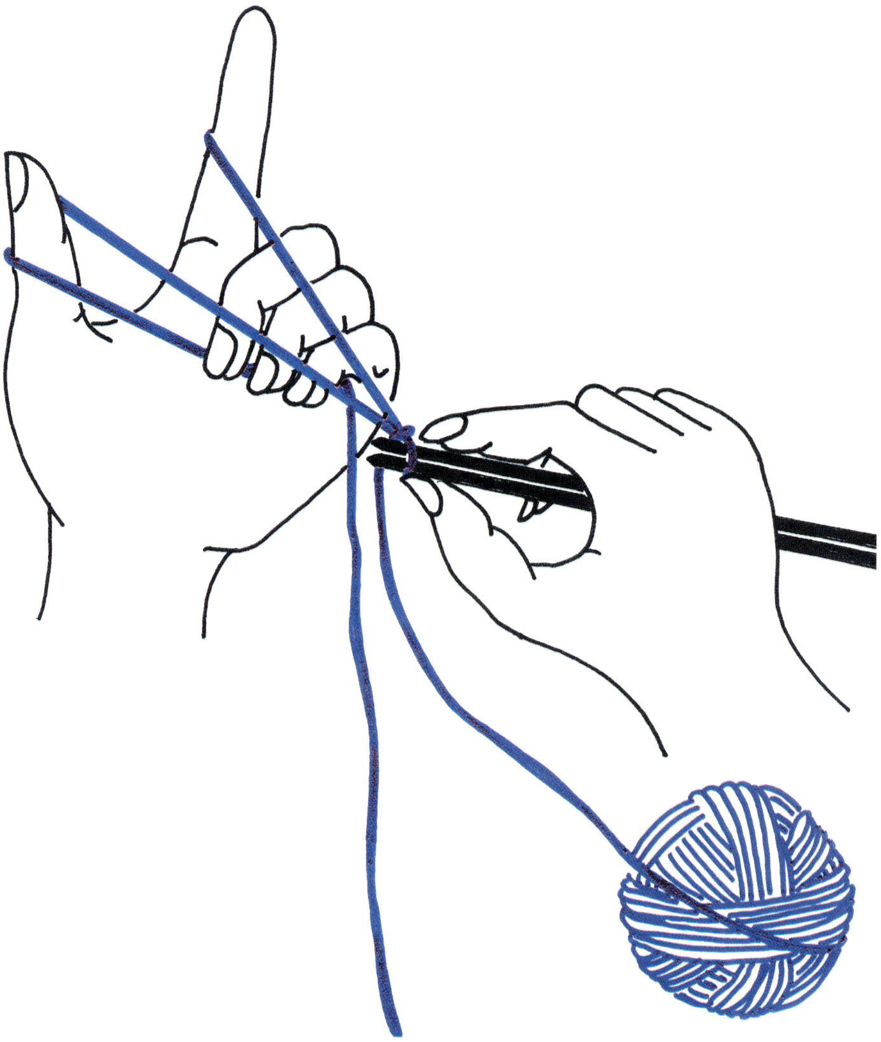

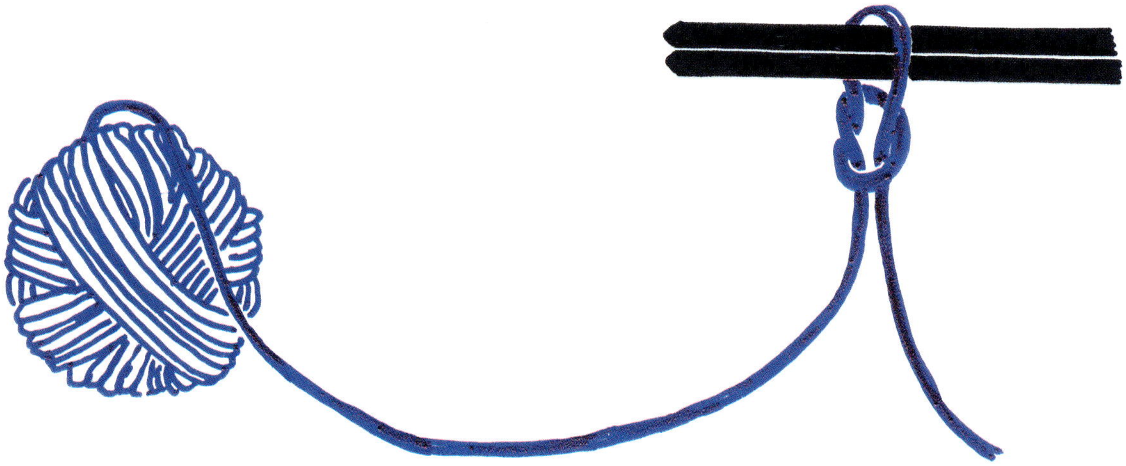

Die glatte (rechte) Masche

Den Faden, der vom Knäuel kommt, um die linke Hand legen und die Nadel mit dem Kreuzanschlag ebenfalls in die linke Hand nehmen. In die rechte Hand die leere Stricknadel nehmen.

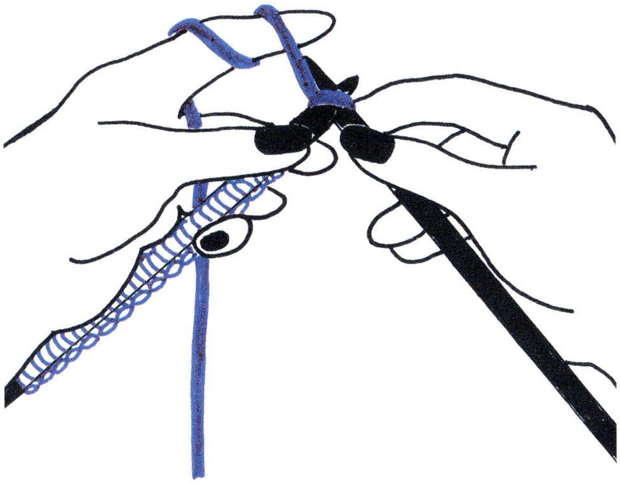

Von vorne nach hinten in die Masche einstechen, den Faden vom Zeigefinger durchholen und auf die rechte Nadel abziehen.

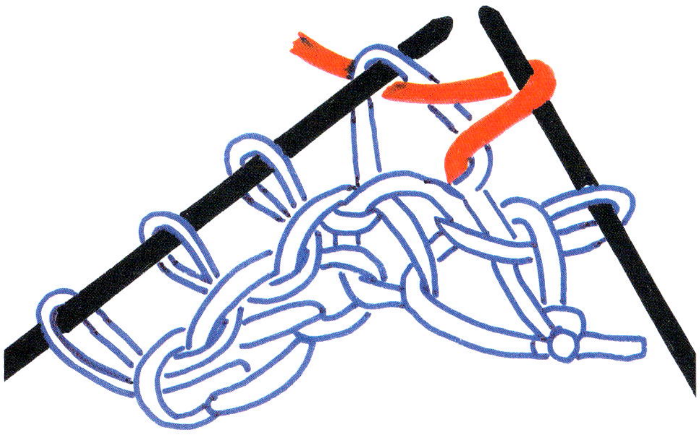

Die verkehrte (linke) Masche

Den Faden vor die Nadel legen, von hinten nach vorne einstechen, den Faden vom Zeigefinger holen und nach hinten durchziehen.

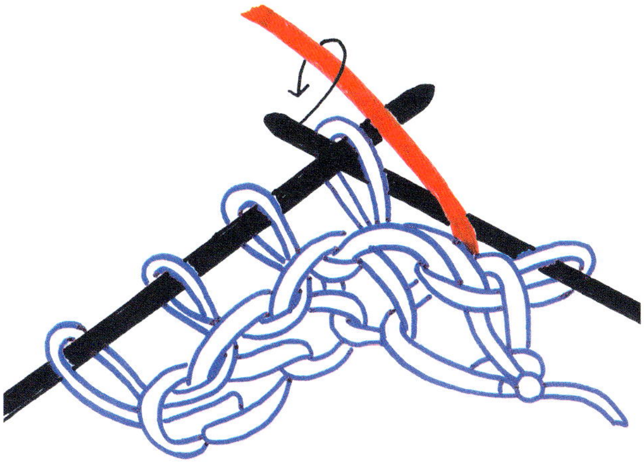

Das Abketten

Zwei Maschen glatt abstricken, in die erste Masche von vorne einstechen und die erste Masche über die zweite Masche heben. Wiederholen bis zur letzten Masche, den Faden abschneiden und durch die letzte Masche ziehen. Locker arbeiten!

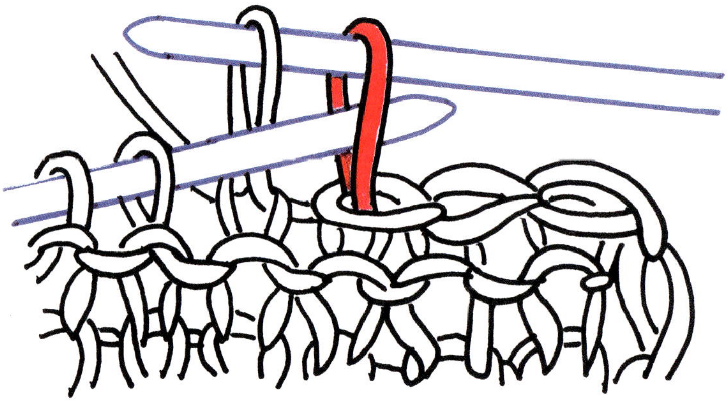

Inhaltsverzeichnis

Bastelideen:

Januar: ____________

Februar: ____________

März: ____________

April: ____________

Mai: ____________

Juni: ____________

Juli: ____________

August: ____________

September: ____________

Oktober: ____________

November: ____________

Dezember: ____________

Grundtechniken:

Werbung

Im frechverlag gibt es viele weitere tolle Bastelideen für Kinder, zum Beispiel:

TOPP 2000

TOPP 1955

TOPP 2125

TOPP 1929

TOPP 2100

TOPP 2070

TOPP 2097

TOPP 1909

TOPP 2086

TOPP 1863

TOPP 2024

TOPP 1908